www.ingramcontent.com/pod-product-compliance
Lightning Source LLC
LaVergne TN
LVHW010611070526
838199LV00063BA/5137
* 9 7 8 9 3 5 8 7 2 6 6 9 5 *

اردو شاعری میں ایہام گوئی

مرتبہ:

سید حیدرآبادی

© Taemeer Publications LLC

Urdu Shairi mein Iihaam Goi (Essays)
by: Syed Hyderabadi
Edition: March '2024
Publisher :
Taemeer Publications LLC (Michigan, USA / Hyderabad, India)

ISBN 978-93-5872-669-5

مصنف یاناشر کی پیشگی اجازت کے بغیر اس کتاب کا کوئی بھی حصہ کسی بھی شکل میں بشمول ویب سائٹ پر اَپ لوڈنگ کے لیے استعمال نہ کیا جائے۔ نیز اس کتاب پر کسی بھی قسم کے تنازع کو نمٹانے کا اختیار صرف حیدرآباد (تلنگانہ) کی عدلیہ کو ہو گا۔

© تعمیر پبلی کیشنز

کتاب	:	**اردو شاعری میں ایہام گوئی**
مرتب	:	**سید حیدرآبادی**
صنف	:	تحقیق و تنقید
ناشر	:	تعمیر پبلی کیشنز (حیدرآباد، انڈیا)
سالِ اشاعت	:	۲۰۲۴ء
صفحات	:	۷۰
سرورق ڈیزائن	:	تعمیر ویب ڈیزائن

اردو شاعری میں ایہام گوئی 5 مرتب : سید حیدرآبادی

فہرست

(۱)	ایہام گوئی	-	6
(۲)	ایہام گوئی کی تاریخ	-	10
(۳)	ایہام گوئی سے کیا مراد ہے؟	-	13
(۴)	اردو شاعری میں ایہام گوئی	ایم این اے گھمن	21
(۵)	اردو شاعری میں ایہام گوئی	فضہ پروین	34
(۶)	شاعری میں ایہام گوئی کی تحریک	جی ایم اصغر	46
(۷)	ایہام کی روایت اور شعرائے اردو کا دماغ	راحیل فاروق	51
(۸)	اردو شاعری کی ترقی میں ایہام گوئی کا حصہ	ڈاکٹر محمد خلیق الزماں	57
(۹)	ایہام گوئی: سوال و جواب	-	66
(۱۰)	ایہام گوئی کا خاتمہ	صورت خان	68

ایہام گوئی

ایہام سے مراد یہ ہے کہ شاعر پورے شعر یا اس کے جزو سے دو معنیٰ پیدا کرتا ہے۔ یعنی شعر میں ایسے ذو معنی لفظ کا استعمال جس کے دو معنی ہوں۔ ایک قریب کے دوسرے بعید کے اور شاعر کی مراد معنی بعید سے ہو ایہام کہلاتا ہے۔ بعض ناقدین نے ایہام کا رشتہ سنسکرت کے سلیش سے بھی جوڑنے کی کوشش کی ہے۔ لیکن یہ درست نہیں کیونکہ سلیش میں ایک ایک شعر کے تین تین چار چار معنی ہوتے ہیں جب کہ ایہام میں ایسا نہیں ہوتا۔

اردو شاعری میں ایہام گوئی

ولی دکنی کا دیوان ۱۷۲۰ء میں دہلی پہنچا تو دیوان کو اردو میں دیکھ کر یہاں کے شعراء کے دلوں میں جذبہ اور ولولہ پیدا ہوا اور پھر ہر طرف اردو شاعری اور مشاعروں کی دھوم مچ گئی۔ لیکن عجیب اتفاق ہے کہ ولی کے تتبع میں شمالی ہند میں جو شاعری شروع ہوئی اس میں سب سے نمایاں عنصر ''ایہام گوئی'' تھا۔ اس لیے اس دور کے شعراء ایہام گو کہلائے۔ اس دور کی شاعری میں ایہام کو اس قدر فروغ کیوں حاصل ہوا۔ آیئے ان اسباب کا جائزہ لیتے ہیں۔

اسباب

ایہام گوئی کے بارے میں رام بابو سکسینہ اور محمد حسین آزاد دونوں کا خیال ہے کہ

اردو کی ابتدائی شاعری میں ایہام گوئی کے رجحان کا ایک اہم سبب ہندی دوہوں کا اثر ہے۔ ڈاکٹر نور الحسن ہاشمی کے نزدیک اس زمانے میں فارسی شعراء کا دربار اور شعر و ادب کی محفلوں میں بہت اثر تھا۔ یوں بھی ادب میں دہلی والے فارسی روایات برتتے تھے۔ اس لیے یہ بہت ممکن ہے کہ متاخرین شعرائے فارسی کے واسطے یہ چیز عام ہوئی ہو۔ اس سے واضح ہوا کہ ایک سبب ایہام گوئی کا ہندی دوہے ہیں اور دوسرا سبب متاخرین شعرائے فارسی سے متاثر ہو کر اس دور کے شعراءنے اپنی شاعری کی بنیاد ایہام پر رکھی۔

ڈاکٹر جمیل جالبی کے نزدیک ہر بڑے شاعر کی طرح دیوان ولی میں بھی بہت رنگ موجود تھے۔ خود ولی کے کلام میں ایہام گوئی کا رنگ موجود ہے۔ اگرچہ ولی کے ہاں یہ رنگ سخن بہت نمایاں نہیں لیکن ہر شاعر نے اپنی پسند کے مطابق ولی کی شاعری سے اپنا محبوب رنگ چنا۔ آبرو، مضمون، ناجی اور حاتم ولی نے ایہام کے رنگ کو چنا۔ یوں ہم یہ کہہ سکتے ہیں ایہام کی ایک بڑی وجہ ولی کے کلام میں موجود ایہام گوئی کا رنگ بھی تھا۔

ان تین اسباب کے علاوہ ایہام گوئی کے رجحان کا ایک اور اہم سبب محمد شاہی عہد کے درباری اور مجلسی زندگی تھی۔ یہ دور برصغیر کا نہایت بحرانی دور رہا۔ محمد شاہ گو بادشاہ تو بن گیا تھا لیکن اس میں وہ صلاحیتیں موجود نہ تھیں جو گرتی ہوئی حکومت کو سنبھال سکتیں۔ یوں اس نے اپنی ناکامی کو چھپانے کے عیش و عشرت اور رقص و سرور کا سہارا لیا۔ یوں طوائفوں اور بھانڈوں کی محفلیں جمنے لگیں۔ اس قسم کی مجلسی فضا میں جہاں حسن و عشق کا تصور انفرادی کی بجائے اجتماعی جذبے کی صورت اختیار کر لے تو پھر اس کے اظہار کے لیے ایسے پیرائے کی ضرورت ہوتی ہے جس میں ایہام، رعایت لفظی، ذو معنی اور پہلو دار معنی، ضلع جگت، چٹکلے اور پھبتیاں وغیرہ ایسی محفلوں میں سب کو مزا دینے لگیں۔ یوں اس دور کے تہذیبی موسم اور معاشرتی زمین ایہام گوئی کے پھلنے پھولنے کے لیے نہایت

مناسب تھی۔

مختصراً ان اسباب کو یوں بیان کرسکتے ہیں کہ ہندی دوہوں کا اثر، فارسی کے شعرائے متاخرین کی روایت دیوان ولی میں ایہام گوئی کے رنگ کی موجودگی اور محمد شاہی عہد کی مجلسی اور تہذیبی زندگی ایہام گوئی کے رجحانات کے عام کرنے میں معاون ومددگار ثابت ہوئی۔

ایہام گو شعرا

ایہام گوئی کے سلسلے میں آبرو، ناجی، مضمون، یکرنگ، فائز اور حاتم وغیرہ قابل ذکر ہیں۔

آبرو

شاکر ناجی

شرف الدین مضمون

مصطفٰے خان یک رنگ

شاہ حاتم

اردو شاعری پر اثرات

ایہام گوئی کی بدولت شاعری پر مثبت اور منفی دونوں قسم کے اثرات پڑے۔ ایہام گویوں کی کوشش سے سینکڑوں ہندی اور مقامی الفاظ اس طور سے استعمال ہوئے کہ اردو زبان کا جزو بن گئے۔ نہ صرف الفاظ بلکہ ہندی شاعری کے مضامین، خیالات اور اس کے امکانات بھی اردو شاعری کے تصرف میں آگئے۔ جیسا کہ اوپر بیان ہوا۔ ایہام گوئی کے رجحان سے جہاں اردد زبان پر مثبت اثرات مرتب ہوئے اس کے کچھ منفی اثرات بھی ظاہر ہوئے۔

جب ایک مخصوص فضا میں ایہام کا رواج ہوا جہاں الفاظ کی بازیگری کو استادی سمجھا جانے لگا تو شاعری صرف الفاظ کے گورکھ دھندے تک محدود ہو کر رہ گئی۔ لفظ تازہ کی تلاش میں متبذل اور بازاری مضامین بھی شاعری میں گھس آئے۔ نیز جب شاعر لفظوں کو ایہام کی گرفت میں لانے کی کوشش میں مصروف رہے تو پھر شاعری جذبہ واحساس سے کٹ کر پھیکی اور بے مزہ ہو جاتی ہے اور یہی حال اس دور میں شاعری کا ہوا۔

ایہام گوئی کے خلاف رد عمل

ایہام گو شعراء کے بعد جو نیا دور شروع ہوا اس میں مظہر، یقین، سودا، میر تقی میر، خواجہ میر درد، وغیرہ خصوصیت سے قابل ذکر ہیں۔ ان لوگوں نے ایہام کے خلاف شدید احتجاج کیا۔ چنانچہ اس دور میں ان لوگوں نے ایہام گوئی کی بندشوں کو شدت سے محسوس کیا ان کے سبب خیالات کے اظہار میں رکاوٹ آجاتی تھی۔ یوں ایہام گوئی میں زیادہ شعر کہنا مشکل تھا۔ لیکن ایہام گوئی ترک کرنے کے بعد شعراء کے دیوان خاصے ضخیم ہونے لگے۔ شعراء کی تعداد میں بھی بہت اضافہ ہوا۔ اس نئے دور میں ایہام گوئی کے خلاف اس قدر احتجاج کیا گیا کہ شاہ حاتم جو ایہام گو شاعر تھے انھوں نے اس روش کو ترک کر دیا اور اپنے دیوان سے ایہام کے شعر نکال دیے۔

***

ایہام گوئی کی تاریخ

شمالی ہند کے دور اوّل کے شعرا میں آبرو، شاکر ناجی، فائز، یک رنگ، مضمون، مرزا مظہر جانِ جاناں، جعفر علی حسرت اور خان آرزو، انجام کی خاص اہمیت ہے۔ ان شعرا میں فائز، یقین، مرزا مظہر جاناں اور حاتم نے ایہام گوئی سے اپنی ناپسندیدگی کا اظہار کیا اوراس کے خلاف ایک تحریک چلائی۔ ایہام ایک صنعت ہے جس کے تحت شاعر ذو معنی الفاظ کا استعمال کرتا ہے۔ ایک معنی کا تعلق بعید سے ہوتا ہے اور ایک کا قریب سے۔ ایہام کو بہتر طریق سے انھیں شعرا نے برتا ہے جو زبان و بیان پر قدرت رکھتے تھے اور مشقِ سخن میں جنھوں نے ایک عمر کھپائی تھی۔ اس عمل میں تخیل کے علاوہ شعوری کوشش کا دخل زیادہ ہوتا ہے۔ اس لیے اس قسم کی شاعری آمد کے بجائے آورد کی مظہر ہوتی ہے۔ ان شعر کے یہاں بہتر اور کم تر دونوں طرح کی مثالیں پائی جاتی ہیں۔ یعنی بعض شعرا کے یہاں ایہام نے ابتذال اور بازاری پن کی حدوں کو بھی چھو لیا ہے جسے قابلِ مذمت ٹھہرایا جاتا ہے اور بعض شعرا نے ایہام کے ذریعے کمالِ فن کے نمونے بھی پیش کیے ہیں۔

اس دور کے شعرا نے فارسی کا جو اثر قبول کیا اور اس سے اپنے رنگ سخن کو جِلا بخشنے کی کوشش کی، اس میں صنعتوں کے استعمال پر خاص زور تھا۔ جس کے باعث بے ساختگی اور بے تکلفی کے بجائے آورد کی صورت حاوی ہوتی گئی۔ اگرچہ ہندی شاعری میں ایہام گوئی کا چلن ملتا ہے لیکن فارسی شاعری میں بھی اسے ایک صنعت کا درجہ حاصل تھا۔ یعنی

ایسے الفاظ لائے جائیں جن کے دو معنی نکلتے ہوں۔ اسے تلاشِ مضمونِ تازہ کے مترادف بھی قرار دیا گیا۔ خان آرزو جیسے شاعر نے ناپسندیدگی کے باوجود ذوالمعنین اشعار کہے۔ آبرو، انھیں کے شاگرد تھے۔ ایہام میں ایک معنی قریب سے تعلق رکھتے ہیں دوسرے بعید سے۔ یہ ضروری سمجھا جاتا ہے کہ شاعر کی مراد معنیِ بعید سے ہو قریب سے نہیں، تب ہی ایہام تحیّر کا باعث بھی ہوتا ہے۔ اس کے لیے شاعر کا قادرالکلام اور ماہر فن ہونا ضروری ہے۔ جسے زبان و بیان پر قدرت نہیں اور مشقِ سخن میں وہ پختگی کی منزل تک نہ پہنچا ہو ایہام اس کے بس کی بات نہیں۔

جمیل جالبی اسے ایک مشکل فن قرار دیتے ہیں وہ اسے قابلِ مذمت بھی نہیں ٹھہراتے کیونکہ بقول ان کے تہذیب یافتہ درباروں میں ایہام تہذیب و شائستگی کی علامت اور بات کو کھل کر کہنے کے بجائے مبہم میں بیان کرنے کا پسندیدہ طریقہ سمجھا جاتا رہا ہے۔ وہ کہتے ہیں:

"ایہام گوئی اتنا آسان فن نہیں ہے جتنا بظاہر نظر آتا ہے۔ ایک طرف مضمون پیدا کرنا اور دوسری طرف اس مضمون کے لیے ایک ایسا لفظ تلاش کرنا جس سے شعر کے مفہوم کو دوہری سطح پر معنی کے رشتے میں پرویا جاسکے، آسان بات نہیں ہے۔ اس کے لیے علم، ہنر، مشق اور سنجیدہ کاوش کی ضرورت ہوتی ہے۔

یہ سنجیدگی، اپنے معنوی ابتذال کے باوجود، ہمیں ہر ایہام گو شاعر کے ہاں نظر آتی ہے۔ صنعت ایہام میں چند ایسی خوبیاں ہیں کہ اوسط درجے کے مذاق کے لوگ بھی شعر سے متاثر و لطف اندوز ہو سکتے ہیں۔ ایہام گویوں کے ہاں لفظِ تازہ کی تلاش سے نہ صرف زبان میں الفاظ و مرکبات کی تعداد بڑھی بلکہ اردو شاعری کا ایک مخصوص لہجہ بھی تشکیل پانے لگا جو فارسی سے متاثر ہونے کے باوجود اس سے الگ اور ممتاز تھا۔

ایہام گویوں کی اس کوشش سے سینکڑوں ہندوی و مقامی الفاظ اس طور پر استعمال ہوئے کہ اردو زبان کا جزو بن گئے۔"

(تاریخ ادبِ اردو، جلد دوم، حصہ اول، ص ۱۹۳)

ایہام گو شعرا میں دونوں طرح کی مثالیں ملتی ہیں۔ ایک وہ جو لطف و تحیر کا باعث ہیں۔ جن سے شاعر کی مشاقی اور مہارتِ فن ظاہر ہوتی ہے اور جو ان کے اسلوب میں وقار کا باعث ہے۔ اس قسم کی مثالوں میں اعتدال اور سنجیدگی کارویہ کار فرما ہے۔ محض ظاہری نمائش مقصود نہیں ہے۔ جہاں اعتدال نہیں ہے وہاں ابتذال اور سوقیت بھی پیدا ہوئی ہے۔ اس طرح کی مثالوں ہی نے ایہام گوئی کو ملامت و مذمت کے لائق ٹھہرایا۔ ورنہ ایہام گوئی نے مضمونِ تازہ اور معنیِ تازہ کی راہ بھی فراہم کی تھی جس کے لیے مشاقی کے ساتھ تخیل کا عمل بھی ناگزیر ہوتا ہے تب ہی شاعر کوئی ایسا نکتہ، کوئی ایسا پہلو اجاگر کر سکتا ہے جو انکشاف کا درجہ رکھتا ہو۔ اس صنعت کا سب سے بڑا شاعر آبرو ہے جس کے یہاں دونوں طرح کی مثالیں ملتی ہیں۔ یعنی بہتر بھی جن میں اعتدال اور نکتہ طرازی کا جوہر ہے۔ دوسری اس عدم توازن کی مثال جس کی حدیں ابتذال سے جا ملتی ہیں اور جسے قابلِ مذمت ٹھہرایا جا سکتا ہے۔

***

ایہام گوئی سے کیا مراد ہے؟

ایہام کا اصل مطلب وہم میں ڈالنا ہے۔ اصطلاح میں اس سے مراد شاعری کی ایک صنعت ہے۔ اس صنعت کی ابتداء شمالی ہند کے اردو گو شعرا سے ہوئی تھی۔ صنعت ایہام میں شاعر اپنے شعر میں دو معنی پیدا کرتا ہے۔ ایک معنی قریب جبکہ دوسرا معنی بعید کا ہوتا ہے۔ یوں شاعر ان الفاظ کے استعمال سے بظاہر قریب کے معنی مراد لے رہا ہوتا ہے لیکن اس کی اصل مراد بعید کے معنی ہوتے ہیں۔ یوں قاری ایک ذہنی مشق کے ذریعے ان معنوں تک پہنچتا ہے۔ مثال؛

شب جو مسجد میں جا پھنسے مومن
رات کاٹی خدا خدا کر کے

یہ اصطلاح صرف اردو ادب میں ہی نہیں بلکہ انگریزی میں لیمرک اور اور سنسکرت میں سلیش کے نام سے برتی جاتی تھی۔ محمد حسین آزاد کا خیال ہے کہ اردو میں ایہام کو ہندی دوہوں کی اساس پر فروغ حاصل ہوا۔ آزاد کا یہ خیال اس حقیقت پر مبنی نظر آتا ہے کہ سنسکرت میں ایک ایک لفظ کے کئی کئی معنی موجود ہیں۔

سنسکرت میں اس صنعت کا نام شلش ہے اور اس کی دو قسمیں ہیں۔ اول سے تنگ جس میں لفظ سالم رہتا ہے۔ دوم اب تک جس میں لفظ کے ٹکڑے ٹکڑے کر کے صنعت پیدا کی جاتی ہے۔ مولوی عبدالحق نے آزاد کی تائید کی ہے اور لکھا ہے کہ اردو ایہام ہے زیادہ تر ہندی شاعری کا اثر ہوا اور ہندی میں یہ چیز سنسکرت سے پہنچی ہے۔

اردو میں قدیم ریختہ گو شعرا کے ہاں سے امیر خسرو کے ہاں اس صنعت کے استعمال کے نمونے ملتے ہیں۔ دکنی شعراء میں ولی کے ہاں بھی اس کی مثالیں ملتی ہیں۔ ایہام ایک طرح سے لفظوں کا ایسا کھیل ہے کہ جس میں شعر کے معانی قریب سے بعید تک جانے کے لیے کسی مناسب سے لفظ کا اشارہ بھی اس شعر کے اندر ہی موجود ہوتا ہے۔ ایہام گو شعرا بعض اوقات اپنی شاعری میں ایہام کی صورت میں جنسی کنایہ بھی استعمال کر لیتے ہیں۔

ایہام گوئی کی تحریک کا پس منظر:

ولی دکنی نے اردو زبان کو جو نئی کروٹ دی تھی اس سے دلی میں اردو شاعری کا ایک چشمہ پھوٹ نکلا۔ چنانچہ جب اردو زبان کا ادبی عروج شروع ہوا تو اس کے خلاف رد عمل بڑے مضحک انداز میں ادبی محفلوں اور مشاعروں سے ابھرنے لگا۔ فارسی شعرا نے ریختہ گو شعرا کے متعلق اہانت آمیز باتیں کہنا شروع کر دیں اور میر جعفر زٹلی نے اس زبان کا مضحک زاویہ پیش کر کے اس کی قدر و قیمت کم کرنے کی کوشش کی۔

فارسی شعرا کے متذکرہ بالا منفی رویے کے خلاف اولین رد عمل خان آرزو کے ہاں پیدا ہوا اور انھوں نے فارسی کو ترک کر کے ریختہ کے مشاعرے کرانا شروع کر دیے۔ ان مشاعروں میں جب اردو کو فارسی کا مقابلہ مجلسی سطح پر کرنا پڑا تو لامحالہ اظہار نے مشکل گوئی کا وہ طریقہ نکالا کہ جس سے کہنہ مشق، خلاق اور قادرالکلام شعرا ہی نبرد آزما ہو سکتے تھے۔

چنانچہ ایہام کا فروغ جس نے ذو معنی الفاظ کے فن کارانہ استعمال سے شعرا کو نئی ذہنی ورزش کا وسیلہ مہیا کر دیا، اسی کوشش کا ثمر نظر آتا ہے اور محمد شاہی عہد میں اسے اتنا فروغ حاصل ہوا کہ دیکھتے ہی دیکھتے اسے ایک باقاعدہ تحریک کی صورت مل گئی اور

اسے ریختہ کی ہی ایک قسم قرار دے دیا گیا۔ ایہام کی تحریک کلاسیکی نوعیت کی ہے اور ولی کی توانا تحریک کے بعد اس کا فروغ نظر آتا ہے۔

ایہام رعایت لفظی کے ایک مخصوص انداز کا نام ہے اور اس کا تمام تر دارومدار ذومعنی الفاظ کے فن کارانہ استعمال پر ہے۔ تخلیقی شاعر کی دانست میں لفظ گنجینہ معنی کا طلسم ہے اور وہ لفظ کے بعض معانی کو پوشیدہ رکھنے اور مخفی معنی کو لفظ کے خارجی خول سے چپکانے کی قدرت بھی رکھتا ہے۔ چنانچہ اردو کے ابتدائی دور میں جب اس زبان کا سامنا فارسی زبان سے ہوا تو شعرا نے اردو کا تمول اور قدرت بیان ظاہر کرنے کے لیے لفظ کو نئے نئے قرینوں سے استعمال کرنے کی کاوش کی اور ایہام کو فروغ دیا۔

اس میں کوئی شک نہیں کہ ایہام کی صنعت فارسی ادب میں بھی موجود ہے۔ تاہم اس زبان میں صنائع اور بدائع کلام کا حسن بڑھانے کے لیے زیادہ فطری انداز میں استعمال ہوئے ہیں اور فارسی شعرا نے ان کا استعمال اس احتیاط سے کیا ہے کہ طبیعت پر گراں نہ گزرے۔ ہندی دوہے میں لفظ کے پوشیدہ مفہوم کو سامع کے باطن میں اتارنے کا رجحان نمایاں ہے۔ اس لیے اردو میں ایہام کی تحریک ہندی اثرات کا نتیجہ ہے اور یہ اس رد عمل کا ہی ایک سلسلہ نظر آتا ہے جو فارسی کے خلاف ملک میں پرورش پا رہا تھا اور بالواسطہ طور پر اردو کے فروغ کا باعث بن رہا تھا۔

ایہام کو خان آرزو اور بالخصوص ان کے شاگردوں نے فراوانی سے استعمال کیا۔ خان آرزو کا یقین تھا کہ مستقبل میں فارسی کے بجائے ریختہ ہی اس ملک کی زبان بننے والی ہے۔ اس لیے انھوں نے فارسی سے توجہ ہٹا کر اردو کو متمول بنانے پر توجہ دینا شروع کی اور کئی شعرا کو فارسی کے بجائے اردو میں شعر کہنے پر مائل کیا۔

ایرانی تہذیب کا آفتاب چوں کہ اپنی تمازت ختم کر چکا تھا۔ اس لیے اس تحریک کو

مقبولیت حاصل کرنے میں کچھ زیادہ دیر نہ لگی۔ ہندوستان میں بول چال کی عام زبان میں ہندی کا چلن چوں کہ پہلے شروع ہو چکا تھا۔ اس لیے یہ دریافت کرنا ممکن نہیں کہ ایہام کی ابتدا کس زمانے میں ہوئی۔ تاہم یہ واضح ہے کہ فارسی زبان کے بعض مستند شعرا کے ہاں بھی ہندی الفاظ استعمال کرنے کا رجحان موجود تھا۔ مثال کے طور پر میر عبدالجلیل بلگرامی نے فرخ سیر کی شادی پر جو مثنوی لکھی اس میں ہندی راگنیوں کو صنعت ایہام میں استعمال کیا گیا۔

بلاشبہ تحریک ایہام کے اجرا میں فارسی اور ریختہ کے ریمل اور مشاعرے کی فضا کو بہت اہمیت حاصل ہے تاہم اس تحریک کے فروغ میں اس عہد کے سیاسی اور سماجی عوامل کا عمل دخل بھی نظر انداز نہیں ہو سکتا۔ ایہام کی تحریک کا بیج محمد شاہی عہد کے آغاز میں بارور ہونا شروع ہو گیا تھا۔ نادر شاہ کے حملے نے اجتماعی زندگی کا شیرازہ بکھیر دیا تھا۔ فرد اجتماعی خوف سے دوچار ہوا اور عیش و طرب کی محفلوں پر افسردگی طاری ہو گئی۔

چنانچہ لفظ جو مستقیم اظہار کا وسیلہ تھا اپنی معنویت کھو بیٹھا اور ایسے الفاظ جن سے بیک وقت دو یا دو سے زیادہ معنی نکل سکتے تھے عام استعمال ہونے لگے۔ اس کا تاریخی ثبوت اس واقعے سے بھی ملتا ہے کہ ۱۷۳۴ء میں جب نواب خان دوران خاں میر بخشی مرہٹوں سے شکست کھا کر واپس آئے تو نواب عمدۃ الملک امیر خان نے برجستہ یہ جملہ کہا 'نواب آئے ، ہمارے بھاگ آئے۔ اس میں 'بھاگ' کا لفظ فرار اور قسمت دونوں معنوں میں برتا گیا۔ اس سے یہ ثابت ہوتا ہے کہ مغلوں کی درباری سازشوں اور نادر شاہ کے حملے سے پھیلنے والے خوف و ہراس نے لوگوں کو ذو معنی الفاظ استعمال کرنے کی جانب مائل کیا۔ اس لیے وہ اپنی مجلسوں میں پوشیدہ معانی لفظوں میں گفتگو کرنے لگے۔ اس سلسلے میں جن شعرا نے ایہام گوئی کے میدان میں اپنا نام پیدا کیا ان کی تفصیل کچھ یوں ہے۔

ایہام گوئی کے نمائندہ شعرا

ایہام کو خان آرزو اور بالخصوص ان کے شاگردوں نے فراوانی سے استعمال کیا۔ خان آرزو کا یقین تھا کہ مستقبل میں فارسی کے بجائے ریختہ ہی اس ملک کی زبان بننے والی ہے۔ اس لیے انھوں نے فارسی سے توجہ ہٹا کر اردو کو متمول بنانے پر توجہ دینا شروع کی اور کئی شعرا کو فارسی کے بجائے اردو میں شعر کہنے پر مائل کیا۔

ایہام گوئی کے قابل ذکر شعرا میں حاتم، آبرو، مضمون اور شاکر ناجی جیسے شعرا کا ذکر ہوتا ہے۔ اس دور میں ایہام گوئی کو فروغ ملا۔ مغلیہ سلطنت کے آخری دور میں مغلوں کے پاس اختیارات محدود ہونے کی وجہ سے کوئی کام نہ تھا۔ اس عہد میں شعرا بجائے اس کے کہ اپنے کلام میں گہرائی اور معنویت پیدا کرتے انھوں نے ظاہری بناوٹ اور لفظی صنعت گری پر توجہ دی۔ اس طرح ایہام گوئی کا آغاز ہوا۔

شاہ حاتم پیشے کے اعتبار سے سپاہی اور ایک رنگین مزاج شاعر تھا مگر اس کی زندگی میں ایک موڑ آیا جب یہ رنگین مزاجی سے تصوف کی جانب مائل ہوا۔ ایہام گوئی کے آغاز میں اس رد عمل کو قبول کرتے ہوئے حاتم نے دیوان زادہ کے نام سے اپنا دیوان مرتب کیا۔ اس دور میں انھوں نے ولی کی زمین میں شاعری کی۔ دوسرے دور میں خود کو ایہام گوئی کے لیے وقف کیا جبکہ تیسرے ہی دور میں لسانی تبدیلیوں کا آغاز کر دیا۔ زبان کی ہیئت کو درست کرنے کے لیے حاتم نے نامانوس الفاظ نکالنے پر کام کیا۔ زبان کو اس قابل بنایا کہ اس میں اسالیب کے کئی تجربات کیے جاسکتے تھے۔

کہتا ہے صاف و شستہ سخن بسکہ ہے تلاش

حاتم کو اس سبب نہیں ایہام پر نگاہ

کئی دیوان کہہ چکا حاتم

اب تلک پر زبان نہیں ہے درست

شاہ مبارک آبرو بھی ایہام گوئی کے حوالے سے اہم شاعر ہے۔ان کی شاعری مغلوں کے آخری دور کی تہذیب ، ثقافت ، معاشرت ،اخلاقیات اور شعری رجحانات کی مثال ہے۔ آبرو کی شاعری کا وصف ہے کہ ان کی غزل میں سوز و گداز ملتا ہے جو باقی شعرا کے ہاں بہت کم نظر آتا ہے۔

جدائی کے زمانے کی سخن کیا زیادتی کہیے

کہ اس ظالم کی ہم پر جو گھڑی بیتی سو جگ بیتا

آبرو کی شاعری بے رنگ نہیں اس میں جذبے اور خیالات کا احساس ملتا ہے۔ ایہام سے پرہیز کر کے سادہ اسلوب میں بات کی تو میر کے رنگ کی جھلک دکھائی دی۔

پھرتے تھے دشت دشت دوانے کدھر گئے

وہ عاشقی کے ہائے زمانے کدھر گئے

ایہام گوئی کے شعرا میں شاکر ناجی عامیانہ ذوق کا شاعر کہلایا۔ مجموعی طور پر ان ایہام گو شعرا کا اسلوب ثقیل اور بوجھل تھا۔ جلد ہی اس کا رد عمل ظاہر ہوا۔

نہ ٹوکو یار کو کہ خط رکھاتا یا منڈاتا ہے

مرے نشہ کی خاطر لطف سے سبزی بناتا ہے

ناجی کی ایہام گوئی فکری آزمائش سے دوچار نظر آتی ہے جس میں تخلیقی لطافت نمایاں نہیں ہوتی۔ان کی تیز مزاجی نے لفظ کی دھار بھی تیز کر دی جس کی وجہ سے ان کا ایہام مصنوعی نظر آتا ہے۔

تحریک ایہام گوئی کا اہم شاعر جس نے ولی کے دیوان کا گہرا اثر لیا تھا وہ شیخ ظہور الدین حاتم ہے۔ شیخ ظہور الدین حاتم ، شاہ حاتم ، آبرو اور ناجی کا ہم عصر تھا۔ حاتم نے کئی

شعرا کا زمانہ اور تحریک ایہام کی ابتدا و عروج و زوال دیکھے۔ ابتدائی دور میں وہ بھی روشِ زمانہ سے دامن نہ بچا سکے اور ایہام سے متاثر ہوئے۔ ان کے قدیم دیوان پر ایہام کے اثرات نمایاں ہیں۔

مثالِ بحر موجیں مارتا ہے
لیا ہے جس نے اس جگ کا کنارا

آہستہ آہستہ شعر میں تک بندی کا انداز غالب ہونے لگا تو شاعری الہامی کیفیت سے عاری ہونے لگی۔ نتیجتاً بہت جلد ایہام گوئی کے خلاف رد عمل کا آغاز ہو گیا۔ مرزا مظہر جان جاناں، انعام اللہ یقین اور اس تحریک کے نمائندہ شاعر شاہ حاتم نے اس تحریک کے خلاف رد عمل ظاہر کیا۔ مرزا مظہر جان جاناں پہلے خود ایہام گو شاعر تھا مگر جلد ہی اس کے خاتمے کے لیے آواز بلند کی کہ اس سے شاعروں کی صلاحیتیں ضائع ہو رہی تھیں۔ جان جاناں نے رد عمل کے طور پر ایک نئے شعری اور لسانی اسلوب کی بنیاد ڈالی۔ آپ کی کوششوں سے زبان کا صوتی آہنگ ایک نئے سلیقے سے متعارف ہوا۔

یہ حسرت رہ گئی کس کس مزے سے زندگی کرتے
اگر ہوتا چمن اپنا، گل اپنا، باغباں اپنا

مرزا مظہر جانِ جاناں کی کوششوں سے ہی شمالی ہند کا شعری منظر نامہ تبدیل ہوا۔ ان کی کوششوں سے یہ تحریک تھوڑے ہی عرصے بعد ہنگامہ برپا کرنے کے بعد تقریباً ختم ہو گئی۔

مختصر یہ کہ ایک طرف تو اس تحریک نے نہ صرف فارسی کے لسانی غلبے کے خلاف بغاوت کی بلکہ ریختہ کے پر سکون مزاج کو بھی متحرک کیا۔ تحریک ایہام معنی کی بجائے الفاظ کی تحریک تھی۔ نس میں جذبہ رفعت حاصل کرنے کی بجائے لفظوں کے ساتھ

پیوست ہو جاتا تھا۔اس تحریک کا خمیر خالصتاً ہندوستانی مٹی سے اٹھا تھا۔اس کے خلاف اٹھنے والی تحریک اصلاح زبان کی تحریک تھی۔

***

اردو شاعری میں ایہام گوئی

ایم این اے گھمن

ایہام گوئی کا پس منظر

شمالی ہند میں اردو ادب شعرا نے ایہام گوئی پر خاص توجہ دی۔ آخری عہد مغلیہ کے اقتدار میں مرکزی حکومت عدم استحکام کا مضبوطی سے شکار ہو گئی۔ اس کا اندازہ اس بات سے لگایا جا سکتا ہے کہ سن ۱۸ فروری ۱۷۱۹ء سے اور ۱۴ اگست سن ۱۷۱۹ تک تین بادشاہ تخت نشین ہوئے ہیں۔ اس میں پہلا (۱) محمد شاہ رنگیلا تھا جو سن ۱۷۱۹ء سے سن ۱۷۴۷ء تک مغلیہ حکومت پر قابض رہا ہے۔ اسی زمانے میں دور ایہام گوئی کا آغاز ہوا تھا۔ بادشاہ محمد شاہ اخلاقی اقدار کی دھجیاں اڑا رہا تھا۔ اس کی شامت اعمال ۱۳ فروری سن ۱۷۳۹ء کو بادشاہ نادر شاہ کی صورت میں عذاب بن کر نمودار ہوئی ہے۔ اس دور دہلی کی اینٹ سے اینٹ بجا دی گئی۔ تقریبا دو لاکھ پچیس ہزار افراد نادر شاہ کی سفاکی اور انتہا بربریت کی بھینٹ چڑھ گئے (۲) ان پر آشوب دور میں اور تباہ کن حالات میں اردو شعرا نے ایہام گوئی کی روش اپنا لی۔

ایہام گوئی کا پس منظر سے مراد وہم یا شک میں مبتلا کرنا ہے۔ اپنی حقیقت اور اصل کے اعتبار سے ایہام گوئی کو رعایت لفظی کے ایک خاص انداز سے تعبیر کیا جا سکتا ہے۔ مثلاً ذو معنی الفاظ کے استعمال سے تخلیق کار دو مطلب کے ذریعے قاری کو وہم و شک

میں ڈال کر اپنے فنی محاسن کے لیے داد کا طلب ہوتا ہے۔ خدائے سخن میر تقی میر نے ایہام کو زبان ریختہ کی ایک قسم قرار دیا ہے۔(۳) اردو زبان و ادب میں شاعری میں ایہام گوئی کا رجحان سے سن ۱۹ے۱اء دیکھنے میں آتا ہے جو دبستان دہلی کے شعرا کے ہاں پچیس سال تک برقرار رہا ہے(۴) ایہام گوئی کے شعرا کے ہاں الفاظ کو دوہری معنویت کا حامل بنادیا جاتا ہے۔ اس کے بادی النظر میں قاری قریب ترین معانی تک جاتا ہے مگر درحقیقت میں اس سے مراد دور کے معانی میں لیا جاتا ہیں۔ اس طرح پڑھنے والا یعنی قاری قدرے تامل کے بعد دور کے مطالب تک رسائی حاصل کرپاتا ہے مثلاً ایک مثال دیکھیے ایہام گوئی کا۔

ایہام گوئی پر اشعار

یہی مضمونِ خط ہے احسن اللہ

کہ حسن خوبرویاں عارضی ہے

یہاں عارضی میں ایہام گوئی ہے۔ عارضی کے قریب ترین معانی تو ناپختہ ہیں مگر یہاں شاعر نے اس سے رخسار مراد لیے ہیں۔

نشہ ہو جس کو محبت کا سبز رنگوں کا

عجب نہیں جو وہ مشہور سب میں بھنگی ہو

یہاں لفظ بھنگی میں ایہام گوئی پایا جاتا ہے۔

اصناف سخن کے علم صنائع بدائع میں ایہام گوئی کو ایک صنف قرار تسلیم دیا گیا ہے۔ اردو زبان و ادب میں ایہام گوئی کے فروغ اور عروج میں ہندی صنف دوہوں کا گہرا عمل دخل ہے۔ زبان سنسکرت میں ایہام گوئی کو " شلش " کہا جاتا ہے۔ اردو زبان و ادب میں ہندی زبان اور سنسکرت زبان کے وسیلے سے ایہام گوئی کو فروغ ملا۔ فارسی ادب

زبان وادب میں بھی ایہام گوئی کا وجود پایا جاتا ہے مگر فارسی زبان میں تخلیق کار اس میں کم دل چسپی لیتے تھے۔ نثر نگار محمد حسن آزاد نے اردو میں ایہام گوئی کے سلسلے میں لکھا بہت بہترین الفاظ میں لکھا ہے کہ ہندی زبان میں صنف دوہوں کے زیر اثر اس کا آغاز ہوا (۵) ادیب نثر نگار رام بابو سکسینہ نے ایہام گوئی کے آغاز کو ولی کے عہد اور اقتدار سے وابستہ کیا ہے۔ انھوں نے لکھا ہے: "ولی کے معاصرین صنعت ایہام گوئی کے بہت سے شائق تھے۔ یہ صنعت بھاشا زبان کی شاعری میں بہت مقبول ہوئی اور صنف دوہوں کی جان ہے۔ قدما کے کلام میں ایسے ذو معنی اشعار بکثرت اور مقبول ہوتے ہیں۔"

اردو شاعری میں ایہام گوئی پر شاعر خان آرزو اور ان کے شاگردوں نے تخیل کی رنگ ہے اس کے بارے میں بابائے مولوی عبد الحق نے اردو شاعری میں ایہام گوئی کے محرکات کے بارے میں لکھا ہے۔ " یہ خیال قرینِ صحت معلوم ہوتا ہے کہ اردو ایہام گوئی پر زیادہ تر ہندی شاعری کا اثر ہوا، اور ہندی میں یہ چیز سنسکرت زبان سے پہنچی۔"

عناصر خمسہ میں ایک نثر نگار محمد حسین آزاد نے اپنی شہرت آفاق کتاب آب حیات میں لکھا ہے کہ ایہام گوئی کا تعلق آخری عہد مغلیہ کے اقتدار سے ہے۔ انھوں نے ولی کے دور میں اس کے پروان چڑھنے کی بات کی ہے۔ وہ لکھتے ہیں: "ولی نے اپنے کلام میں ایہام اور الفاظ ذو معنین سے اتنا کام نہیں لیا۔ خدا جانے ان کے قریب العہد بزرگوں کو پھر اس قدر شوق اس کا کیوں کر ہو گیا؟ شاید دوہوں کا انداز جو ہندوستان کی زبان کا سبزہ خود رو تھا، اس نے اپنا رنگ جمایا۔"

یہ بات قرین قیاس اور مسلم ہے کہ صنف دوہوں نے ایہام گوئی کی راہ ہموار اور وسیع تر ہے اور کافی حد تک ایہام گوئی تحریک کامیاب صنف ہے۔ مثلاً کسی شاعر کا یہ دوہا ملاحظہ کریں۔

رنگی کو نارنگی کہیں بنے دودھ کو کھویا
چلتی کو گاڑی کہیں دیکھ کبیر ارویا

تخلیقی انداز میں اظہار کے زیادہ امکانات ہوتے ہیں۔ان میں سے کسی ایک کو چائیس کرنا تخلیق کار کا صوابدیدی اختیار کرنا ہوتا ہے۔ ان گوں نہ گوں حالات میں اگر کوئی تخلیق کار یہ طے کرلے کہ وہ پڑھنے والے کو سرابوں کی بھینت چڑھا کر اپنی فنی مہارت کی داد لے گا تو یہ ایک خیال خام ہے۔ایسے ادیبوں نے ذو معنی اور متشابہ الفاظ اور زبان وبیان کی بازی گری سے اپنا مافی الضمیر کیسے پیش کر سکتے ہیں؟

ایہام گوئی کے متعلق یہ بات باخوبی ذہن نشین کر لینی چاہیے کہ یہام گوئی کے شعرا نے اپنے کلام میں سے الفاظ کو استعمال کرتے ہیں جو بہ ظاہر گنجینہ معانی کے طلسم کی صورت گری اور فن کاری پیدا کر دیتے ہیں اور شاعر کو یہ گمان وشکوک گزرتا ہے کہ قطرے میں دجلہ اور جزو میں کل کا منظر دکھانے پر مہارت رکھتا ہے اس لیے تخلیق کار کی شخصیت میں داخلی پہلو عام طور پر غالب اور کار فرما رہتا ہے۔اس کی شدت اور لگن سے مغلوب ہو کر وہ پڑھنے والے کو حیرت زدہ کرنے کے لیے نت نئے طریقے دریافت کرنے کی ترکیبیں تلاش کرتا ہے۔ایہام گوئی اسی سوچ کو تخلیقی انداز اور اظہار کی مثال بناتا ہے۔

ایہام گوئی کے شاعر تخلیق فن کے لمحوں میں ایسا پیرایہ میں اظہار اپناتا ہے کہ پورے شعر یا اس کے کسی ایک جزو سے دو ایسے مطالب پیدا ہوں جو ایک دوسرے سے بالکل مختلف اور جدا ہوں۔اس مقصد کے لیے ذو معنی الفاظ کے استعمال میں شعرا نے گہری دل چسپی لی ہے۔جہاں تک الفاظ اور معانی کا تعلق ہے ان میں سے ایک معنی تو قریب کا ہوتا ہے جب کہ دوسرا معنی بعید ہے۔درحقیقت میں شاعر کا مطلب یہ ہوتا ہے کہ بعید کے معنی پر توجہ مرکوز کی جائے اور قاری وہم کی صورت میں قریب کے معنی میں

الجھ کر رہ جائے۔ شاعر ذو معنی الفاظ کو اپنے تخلیقی انداز اظہار کی اساس بنا کر صنف صنائع بدائع کی اس صنف کو اپنے کلام میں استعمال کر کے اپنی جدت پر داد طلب دکھائی دیتا ہے۔ اس سے یہ اندازلگایا جاسکتا ہے کہ رعایت لفظی کی ایسی صورتیں پیدا کر کے شعرا نے کس طرح مطالب کو بدلنے میں اپنی صلاحیتوں اور مہارت کا استعمال کیا۔ اردو زبان وادب میں شاعری کے کلاسیکی دور میں یہ رسم رواج چل نکلی تھی کہ حقیقت کو خرافات میں عیاں کرنا ہی فنی مہارت کی ثبوت ہے۔ ان سے داخلی حقائق کو خارجی فرغلوں میں لپیٹ کر پیش کرنا قادر الکلام ہونے کا ثبوت ہے۔ ایہام گوئی بعض اوقت الفاظ کی املا سے بھی پیدا کیا جاتا ہے۔

ایہام گوئی کا بانی

ایہام گوئی کا بانی کے وہ شعراء اور تخلیق کار جنھوں نے ایہام گوئی پر بھرپور توجہ دی ہے ان کے نام حسب ذیل ہیں مثلا پہلا شاعر خان آرزو، شاعر شاہ مبارک آبرو، ٹیک چند بہار، حسن علی شوق، شہاب الدین ثاقب، رائے آنند رام مخلص، میر زین العابدین آشنا، شاعر شرف الدین مضمون، شاہ حاتم، محمد شاکر ناجی، شاعر غلام مصطفٰے یک رنگ، محمد احسن احسن، میر مکھن پاک باز، محمد اشرف اشرف، ولی اللہ اشتیاق، دلاور خان بیرنگ، شرف الدین علی خان پیام، شاعر سید حاتم علی خان حاتم، شاہ فتح محمد دل، شاعر میاں فضل علی دانا، میر سعادت علی خاں دسعادت، میر سجاد اکبر آبادی، محمد عارف عارف، عبد الغنی قبول، شاہ کاکل، شاہ مزمل، عبد الواوہاب یک رو اور حیدر شاہ۔

اور بھی ان میں بہت سے شعرا قابل ذکر ہیں۔

شاعری میں ذو معنی الفاظ کا استعمال کرنا اس دور کے شعرا نے ظاہر میں ایک جدت اور نیاپن کا پہلو تلاش کیا۔ ان کا خیال تھا کہ اس طرح شاعری کے حسن وجمال میں اضافہ

ہو جاتا ہے۔ دور از کار مفہوم اور باتوں کی بے لطفی ضلع جگت کی بے لطفی سے کسی طور بھی کم نہیں (۹) ولی دکنی کے دوران سفر دہلی کے بارے میں بھی درست معلومات پر توجہ نہیں دی جاتی ہے اور بابائے غزل ولی دکنی کے بارے میں یہ تاثر ملتا ہے کہ انھوں نے کہا تھا۔

دل ولی کا لے لیا دلی نے چھین
جا کہو کوئی محمد شاہ سوں

یہ شعر ولی دکنی کا نہیں ہے بلکہ شاعر شاعر شرف الدین مضمون کا ہے۔ صحیح شعر اس طرح سے ہے۔

اس گدا کا دل لیا دلی نے چھین
جا کہو کوئی محمد شاہ سوں

بابائے غزل ولی دکنی کے شاعری میں ایہام گوئی کا انداز سادگی، سلاست اور اثر آفرینی کا حامل استعمال ملتا ہے۔

خودی سے اولاً خالی ہوا اے دل
اگر شمع روشن کی لگن ہے
موسیٰ جو آ کے دیکھیں تجھ نور کا تماشا
اس کو پہاڑ ہو ویں پھر طور کا تماشا

شاعر شیخ شرف الدین مضمون سن (م ۱۷۳۵)ء نے ایہام گوئی کے سلسلے میں اپنے اہم کردار اور سیرت کا تذکرہ کیا ہے۔

ہوا ہے جگ میں مضمون شہرہ اپنا
طرح ایہام کی جب سیں نکالی

ایہام گوئی کے شعر

اردو ادب میں ایہام گوئی کے شعر کا عظیم شاعر شاہ مبارک آبر نے ایہام گوئی پر خاص توجہ دی ہے۔ اور اسے اپنے اسلوب کی اساس بنایا۔ آبرو کے اسلوب تحریر میں خالص ایہام گوئی ہی نہیں بلکہ بسا اوقات وہ سادگی، اور سلاست، آبرو بے ساختگی اور دردمندی کو بھی اپنے تخیل کی اساس بنانے کی کافی کوشش کرتے ہیں۔ اگر وہ ایہام گوئی پر انحصار نہ کرتے تو ان کا شاعرانہ اور فن کارانہ مقام اس سے کہیں بلند اور پرواز پر ہوتا۔ ایہام گوئی میں ان کی متبذل شاعری نے ان کے اسلوب کو شدید ضعف پہنچایا۔ شاعر شیخ شرف الدین مضمون نے ایہام گوئی کو بہ طور اسلوب اپنایا۔ ان کا شمار ایہام گوئی کے بانیوں میں ہوتا ہے۔ مبارک آبرو کی شاعری میں ایہام گوئی کی فراوانی اور بہترین تصنع ہے۔ اس کے باوجود اس صنعت شاعری کے استعمال کی کسی شعوری کوشش یا کھینچ تان کا گمان نہیں گزرتا۔ ایہام گوئی ان کا اسلوب کی چاشنی شعر و سخن رہا ہے لیکن مبارک آبرو نے اس میں وہ اس سادگی، سلاست، بے ساختگی اور بے تکلفی کا مظاہرہ کیا ہیں کہ ان کے کمال فن کو تسلیم کرنا پڑتا ہے اور قبول عام ہے۔ ان سے ایسا محسوس ہوتا ہے کہ یہ تمام کیفیت اور فن کاری نوائے سروش کی ایک صورت بن کر شاعر کے دل میں سما گئی۔ مثلاً آبرو کہتے ہیں کہ۔

مضمون شکر کر کہ تیرا نام سن رقیب
غصے سے بھوت ہو گیا لیکن جلا تو ہے

کریں ہے دار بھی کام کو سر تاج
ہوا منصور سے یہ نکتہ حل آج

کرنا تھا نقش روئے زمیں پر ہمیں مراد

قالی اگر نہیں تو نہیں بوریا تو ہے

نظر آتا نہیں وہ ماہ رو کیوں

گزرتا ہے مجھے یہ چاند خالی

اگر پاؤں تو مضمون کو رکھوں باندھ

کروں کیا جو نہیں لگتا مرے ہاتھ

ایہام کی اقسام

شاعر شیخ ظہور الدین حاتم سن (م ۱۷۹۱)ء ہے اس کا پیشہ سپہ گری تھا۔ ان کی ایہام گوئی ابتذال کی حدوں کو چھولیتی ہے اور ذوق سلیم پر گراں گزرتی ہے۔ اس میں کوئی شک وشبہ نہیں ہے کہ اس دور کے زیادہ شعرا نے شیخ ظہور الدین سے اکتساب فیض کیا جن میں مرشیہ گو مرزا محمد رفیع سودا بھی شامل ہیں۔ شاعر حاتم کے اسلوب اور فن میں ایک اہم بات یہ ہے کہ وہ تنقیدی میدان کی بصیرت سے متمتع تھے۔ وہ حالات کے نباض اور قاری کے ذوق سے آشنا تھے اس لیے جب انھوں نے یہ محسوس کیا کہ ایہام گوئی سے پڑھنے والے کا ذوق سلیم غارت ہو جاتا ہے تو انھوں نے نہ صرف اسے ختم کر دیا بلکہ ایسے اشعار بھی اپنے کلام سے حذف کر دیے جو اچھے نہیں تھے۔

اس کا نمونہ ءکلام ملاحظہ فرمائیں

مثال بحر موجیں مارتا ہے

لیا ہے جس نے اس جگ کا کنارہ

ہے وہ چرخ مثال سر گرداں

جس کو حاتم تلاش مال ہوا

نظر آوے ہے بکری سا کیا پر ذبح شیروں کو

نہ جانا میں کہ قصاب کا رکھتا ہے دل گردہ

اس دور کے ایک اور شاعر کا نام بھی ایہام گوئی کے بانیوں میں شامل ہے یہ سید محمد شاکر ناجی ہیں۔ سید محمد شاکر ناجی اپنے عہد کے اعتبار سے شاہ حاتم اور ولی دکنی کے ہم عصر ہیں۔ شاعر ناجی نے اپنی تمام تر صلاحیتیں ایہام گوئی پر خرچ کر دیں۔ ان کے کلام کا بہ نظر غائر مطالعہ کرنے سے پڑھنے والا اس نتیجے پر پہنچتا ہے کہ اس تخلیق کار نے اپنے قصر شاعری کو ایہام گوئی اور صرف ایہام گوئی کی اساس پر وسیع کرنے کا آرادہ کر رکھا تھا۔ ایہام گوئی کے علاوہ ان کے مجموعہ دیوان میں کچھ موجود نہیں۔ ایہام گوئی کے استعمال کی شعوری کاوشوں نے ان کے کلام کے حسن کو متاثر کیا ہے اور سادگی، بے ساختگی اور اثر آفرینی عنقا ہو گئی ہے۔

نمونہ کلام ملاحظہ فرمائیں۔

ریختہ ناجی کا ہے محکم اساس

بات میری بانی ایہام ہے

قرآں کی سیر باغ پہ جھوٹی قسم نہ کھا

سیپارہ کیوں ہے غنچہ اگر تو ہنسانہ ہو

شاعر شیخ شرف الدین نے اپنے مضمون میں سن (م ۱۷۳۴)ء ہے کا شمار ایہام گوئی کی تحریک کے بنیاد گزاروں میں ہوتا ہے شیخ شرف الدین مضمون کو حاتم اور ناجی کے بعد تیسرا بڑا ایہام گوئی کا شاعر قرار اور تسلیم کیا جاتا ہے۔ ان کی شاعری میں ایہام گوئی کے باوجود جدت اور شگفتگی کا عنصر ظاہر ہے۔

شاعر مصطفی خان یک رنگ کی شاعری میں ایہام گوئی اس زور کے ساتھ موجود نہیں جس قدر آبرو اور ناجی کے ہاں نمایاں ہے۔ انھوں نے اپنے اسلوب اور فن پر ایہام

گوئی کو مکمل طور پر حاوی نہیں ہونے دیا بلکہ ایہام گوئی کا ہلکا سا پرتو ان کی شاعری میں موجود ہے۔ مثلاوہ کہتے ہیں کہ۔

جدائی سے تری اے صندلی رنگ
مجھے یہ زندگانی درد سر ہے

درج ذیل میں بعض ایہام گوئی کے شعراء کا نمونہ کلام درج ہے۔ جس کے مطالعہ سے ان کے اسلوب کے بارے میں آگہی حاصل اور کافی معلومات ہوسکتی ہے۔

شاعر احسن اللہ احسن کہتے ہیں کہ

صبا کہیو اگر جاوے ہے تواس شوخ دلبر سوں
کہ کر کے قول پرسوں کا گئے برسوں ہوئے برسوں

شاعر عبد الوہاب یکرو کہتے ہیں کہ

دیکھ تجھ سر میں جامئہ ململ
خوش قداں ہاتھ کو گئے ہیں مل

شاعر میر محمد سجاد کہتے ہیں کہ

ہم تو دیوانے ہیں جو زلف میں ہوتے ہیں
ورنہ زنجیر کا عالم میں نہیں ہے توڑا

اردو زبان وادب میں صنف شاعری میں ایہام گوئی نے بلاشبہ اپنے دور کے ادب پر اثرات مرتب کیے ہیں اور کئی تخلیق کار اس جانب مائل بہ تخلیق کار ثابت ہوئے ہیں۔ جب بھی کوئی تخلیق کار کسی بھی صورت میں اپنے دوع کے علم وادب کو متاثر کرتا ہے تو بالواسطہ طور پر اس سے فکری مواد کو تازہ کی سمت ایک پیش رفت کی امکانی صورت پیدا ہوتی ہے۔ جہد وعمل کے لیے ایک واضح سمت کا تعین ہو جاتا ہے، جمود کا خاتمہ ہو جاتا ہے

اور خوب سے خوب تر کی جانب سفر جاری رہتا ہے لیکن ایہام گوئی کے شعراء بارے میں صورت حال انتہائی غیر امید افزا رہی، کہ ایہام گو شعرا نے الفاظ کا ایک ایسا کھیل شروع کیا جس کی گرد میں معنی غائب ہو گئے اور لفظوں کی بازی گری نے اسلوب پر غلبہ حاصل کر لیا ہے دروں بینی کی جگہ صلاحیت نے لے لی۔ ایہام کو شعرائے نے افکار تازہ کی جانب کوئی پیش قدمی نہیں کی بلکہ قدامت پسندی کی پامال راہ پر چلتے ہوئے خقیقت کو خیال و خواب بنا دیا۔ الفاظ کے اس گورکھ دھندے میں مطالب و مفاہیم عنقا ہوتے چلے گئے۔ قاری کا ناطقہ سر بہ گریباں تھا کہ اس کو کس چیز کا نام دے اور خامہ انگشت بہ دندان کہ ایہام گوئی کے متعلق کیا لکھا جائے۔ ایہام گوئی پر مبنی تحریروں کا تو مدعا ہی عنقا تھا۔ بعض اوقات ایسا بھی دیکھنے میں آیا ہے کہ تلمیحات، مرکبات اور محاورات کے معانی میں ایہام گوئی کے ذریعے حس طبیعت کی تحریک ملتی ہے قصیدہ گو شاعر مرزا محمد رفیع سودا کے ہاں اس کا ہلکا سا پرتو ملتا ہے۔ کہتے ہیں آخری عمر میں مرزا محمد رفیع سودا دہلی سے ترک سکونت کر کے لکھنو چلے گئے اور نواب آصف الدولہ کے دربار سے وابستہ ہو گئے۔ ایک مرتبہ بادشاہ نواب آصف الدولہ شکار کو گئے سودا بھی ہمراہ تھے۔ شکار کرتے ہوئے ”بھیلوں“ کے جنگل میں نواب آصف الدولہ نے ایک شیر مارا۔ اس موقع کی مناسبت سے سودا نے برجستہ کہا

یارو! یہ ابن ملجم پیدا ہوا دوبارہ
شیر خدا کو جس نے ”بھیلوں“ کے بن میں مارا

یہاں شیر خدا سے مراد اللہ کی مخلوق شیر ہے۔ اس میں مزاح نگار نے یہاں معاشرے کی ناہمواریوں کا ہمدردانہ شعور اجاگر کر کے فن کارانہ انداز میں ایہام گوئی کے ذریعے مزاح پیدا کیا ہے۔

ایہام گوئی اپنی نوعیت کے لحاظ سے کلاسیکیت کے قریب تر دکھائی دیتی ہے۔اس تحریک کے علم برداروں نے الفاظ کے اس کھیل میں اس قدر گرد اڑائی کہ حسن و رومان کے فن تمام استعارے قصہء پارینہ بن گئے۔اردو کو مقامی اور علاقائی آہنگ سے آشنا کرنے میں ایہام گو شعرا نے اپنی پوری توانائی صرف کر دی، زیادہ ایسے الفاظ زبان میں شامل کیے گئے ہیں جو مانوس نہیں تھے۔اس کا صرف نتیجہ یہ نکلا کہ زبان میں ان الفاظ کو قبولیت عام نصیب نہ ہو سکی۔اس کے باوجود کچھ الفاظ ایسے بھی تھے جن کو اپنی جگہ منانے میں کامیابی ملی۔اس لسانی تجربے سے مستقبل میں مزید تجربات کی راہ ہموار ہوئی اور علاقائی زبانوں کے الفاظ رفتہ رفتہ اردو میں جذب ہونے لگے۔اردو شاعری میں ایہام گوئی کی تحریک یک بگولے کی طرح اٹھی اور سارے ماحول کو مکدر کرنے بعد گرد کی طرح بیٹھ گئی جب افق ادب پر مطلع صاف ہوا تو اس کا کہیں نام ونشاں تک دکھائی نہ دیا۔

ایہام گوئی صرف الفاظ کی بازی گری و جادوئی صورت کا نام ہے۔شاعری کو تاریخ کی نسبت ایک وسیع اور جامع اور بلا کی حیثیت حاصل ہے۔ایہام گوئی میں ایسی کوئی صفت نظر نہیں آتی۔اس عہد میں جن شعرا نے ایہام گوئی پر توجہ دی ان میں سے شاہ حاتم اور ولی کے علاوہ کوئی بھی اپنا رنگ نہ جما سکا۔باقی سب ابتذال کی راہ پر چل نکلے۔علم وادب کے ترقی کے لیے یہ امر ناگزیر ہے کہ درخشاں اقدار وروایات کو پروان چڑھایا جائے۔جب تخلیق کار نظام اقدار کو پس پشت ڈالنے کی مہلک غلطی کے مرتکب ہوتے ہیں تو دورانھیں یکسر اور خالص فراموش کر دیتی ہے۔اخلاقیات سے قطع نظر ادبیات کے حوالے سے بہر حال ایہام گو شاعروں نے الفاظ کے مفاہیم اور معنوی لطافتوں اور نزاکتوں کے حوالے سے جو کام کیا وہ ناقابل فراموش ہے۔کثیر المعنویت کی اہمیت مسلمہ ہے۔لفظ کی حرمت اور اسے برتنے کا قرینہ آنا چاہیے۔ایہام گو شعرا نے مرصع ساز کا

کردار ادا کیا الفاظ کو مربوط انداز میں اشعار کے دل میں ڈھال کر انھوں نے الفاظ کو گنجینہ معانی کا جادو بنادیا۔ تاریخ ادب میں اس تجزیے کو ہمشہ قدر کی نگاہ سے دیکھا جائے گا۔

ماخذ، اور حوالہ جات

محمد اکرام شیخ ڈاکٹر: رودِ کوثر، ادارہ ثقافت اسلامیہ، لاہور، طبع دوازدہم ۸۸۹۱ ، صفحہ ۵۹۸

حسن اختر ملک ڈاکٹر: اردو شاعری میں ایہام گوئی کی تحریک، یونیورسل بکس، لاہور ۶۸۹۱، صفحہ ۴۲

* * *

اردو شاعری میں ایہام گوئی

فضہ پروین

شمالی ہند میں اردو شعرا نے ایہام گوئی پر توجہ دی۔ آخری عہد مغلیہ میں مرکزی حکومت عدم استحکام کا شکار ہو گئی۔ اس کا اندازہ اس امر سے لگایا جا سکتا ہے کہ ۱۸ فروری ۱۷۱۹ سے ۱۴ اگست ۱۷۱۹ تک تین بادشاہ تخت نشین ہوئے۔ (۱) محمد شاہ رنگیلا ۱۷۱۹ سے ۱۷۴۷ تک مغلیہ حکومت پر قابض رہا۔ اسی عہد میں ایہام گوئی کا آغاز ہوا۔ محمد شاہ اخلاقی اقدار کی دھجیاں اڑا رہا تھا۔ اس کی شامت اعمال ۱۳ فروری ۱۷۳۹ کو نادر شاہ کی صورت میں عذاب بن کر نمودار ہوئی، دہلی کی اینٹ سے اینٹ بجا دی گئی۔ دو لاکھ پچیس ہزار افراد نادر شاہ کی سفاکی اور بربریت کی بھینٹ چڑھ گئے (۲) ان حالات میں اردو شعرا نے ایہام گوئی کی روش اپنالی۔

ایہام سے مراد وہم یا شک میں مبتلا کرنا ہے۔ اپنی اصل کے اعتبار سے ایہام کو رعایت لفظی کے ایک خاص انداز سے تعبیر کیا جا سکتا ہے۔ ذو معنی الفاظ کے استعمال سے تخلیق کار دو مفاہیم کے ذریعے قاری کو وہم میں ڈال کر اپنے فنی محاسن کے لیے داد طلب ہوتا ہے۔ میر تقی میرؔ نے ایہام کو ریختہ کی ایک قسم قرار دیا ہے۔ (۳) اردو شاعری میں ایہام گوئی کا رجحان ۱۷۱۹ سے دیکھنے میں آتا ہے جو دہلی کے شعرا کے ہاں پچیس سال تک برقرار رہا (۴) ایہام گو شعرا کے ہاں الفاظ کو دوہری معنویت کا حامل بنا دیا جاتا ہے۔ بادی

النظر میں قاری قریب ترین معانی تک جاتا ہے مگر حقیقت میں اس سے مراد دور کے معانی ہوتے ہیں۔ اس طرح قاری قدرے تامل کے بعد دور کے مفہوم تک رسائی حاصل کرپاتا ہے مثلاً

یہی مضمون خط ہے احسن اللہ
کہ حسن خوبرویاں عارضی ہے

یہاں عارضی میں ایہام ہے۔ عارضی کے قریب ترین معانی تو ناپائیدار ہیں مگر شاعر نے اس سے رخسار مراد لیے ہیں۔

نشہ ہو جس کو محبت کا سبز رنگوں کا
عجب نہیں جو وہ مشہور سب میں بھنگی ہو

یہاں لفظ بھنگی میں ایہام پایا جاتا ہے۔

علم صنائع بدائع میں ایہام کو ایک صنف قرار دیا گیا ہے۔ اردو زبان میں ایہام کے فروغ میں ہندی دوہوں کا گہرا عمل دخل ہے۔ سنسکرت میں ایہام کو "شلش" کہا جاتا ہے۔ اردو میں ہندی اور سنسکرت کے وسیلے سے ایہام کو فروغ ملا۔ فارسی ادب میں بھی ایہام گوئی کا وجود پایا جاتا ہے مگر فارسی تخلیق کار اس میں کم دلچسپی لیتے تھے۔ محمد حسن آزادؔ نے اردو میں ایہام گوئی کے سلسلے میں لکھا ہے کہ ہندی دوہوں کے زیر اثر اس کا آغاز ہوا (۵) رام بابو سکسینہ نے ایہام گوئی کے آغاز کو ولیؔ کے عہد سے وابستہ کیا ہے۔ انھوں نے لکھا ہے:

"ولیؔ کے معاصرین صنعت ایہام کے بہت شائق تھے۔ یہ صنعت بھاشا کی شاعری میں بہت مقبول ہوئی اور دوہوں کی جان ہے۔ قدما کے کلام میں ایسے ذومعنی اشعار بکثرت ہوتے ہیں۔"(٦)

اردو شاعری میں ایہام گوئی پر خان آرزوؔ اور ان کے شاگردوں نے تخیل کی جولانیاں دکھائیں۔ مولوی عبدالحق نے اردو شاعری میں ایہام گوئی کے محرکات کے بارے میں لکھا ہے۔

"یہ خیال قرین صحت معلوم ہوتا ہے کہ اردو ایہام گوئی پر زیادہ تر ہندی شاعری کا اثر ہوا، اور ہندی میں یہ چیز سنسکرت سے پہنچی۔"(۷)

محمد حسین آزادؔ نے آب حیات میں لکھا ہے کہ ایہام گوئی کا تعلق آخری عہد مغلیہ سے ہے۔ انھوں نے ولیؔ کے عہد میں اس کے پروان چڑھنے کی بات کی ہے۔ وہ لکھتے ہیں:

"ولیؔ نے اپنے کلام میں ایہام اور الفاظ ذو معنین سے اتنا کام نہیں لیا۔ خدا جانے ان کے قریب العہد بزرگوں کو پھر اس قدر شوق اس کا کیوں کر ہو گیا؟ شاید دوہوں کا انداز جو ہندوستان کی زبان کا سبزہ خودرو تھا، اس نے اپنا رنگ جمایا۔"(۸)

یہ بات قرین قیاس ہے کہ دوہوں نے ایہام گوئی کی راہ ہموار کی مثلاً یہ دوہا ملاحظہ کریں۔

رنگی کو نارنگی کہیں بنے دودھ کو کھویا
چلتی کو گاڑی کہیں دیکھ کبیر ارویا

تخلیقی اظہار کے متعدد امکانات ہوتے ہیں۔ ان میں سے کسی ایک کو منتخب کرنا تخلیق کار کا صوابدیدی اختیار ہوتا ہے۔ ان حالات میں اگر کوئی تخلیق کار یہ طے کر لے کہ وہ قاری کو سرابوں کی بھینٹ چڑھا کر اپنی فنی مہارت کی داد لے گا تو یہ ایک خیال خام ہے۔ ایسے ادیب ذو معنی الفاظ اور زبان و بیان کی بازی گری سے اپنا مافی الضمیر کیسے پیش کر سکتے ہیں؟

ایہام کے متعلق یہ بات ذہن نشین کر لینی چاہیئے کہ ایہام گو شعرا اپنے کلام میں

ایسے الفاظ کو استعمال کرتے ہیں جو بہ ظاہر گنجینۂ معانی کے طلسم کی صورت پیدا کر دیتے ہیں اور شاعر کو یہ گمان گزرتا ہے کہ قطرے میں دجلہ اور جزو میں کل کا منظر دکھانے پر دسترس رکھتا ہے۔ تخلیق کار کی شخصیت میں داخلی پہلو عام طور پر غالب رہتا ہے۔ اس کی شدت سے مغلوب ہو کر وہ قاری کو حیرت زدہ کرنے کے لیے نت نئے طریقے دریافت کرنے کی ترکیبیں تلاش کرتا ہے۔ ایہام اسی سوچ کو تخلیقی اظہار کی مثال بناتا ہے۔ ایہام گو شاعر تخلیق فن کے لمحوں میں ایسا پیرایۂ اظہار اپناتا ہے کہ پورے شعر یا اس کے کسی ایک جزو سے دو ایسے مفاہیم پیدا ہوں جو ایک دوسرے سے بالکل مختلف ہوں۔ اس مقصد کے لیے ذو معنی الفاظ کے استعمال میں شعرا نے گہری دلچسپی لی ہے۔

جہاں تک معانی کا تعلق ہے ان میں سے ایک معنی تو قریب کا ہوتا ہے جب کہ دوسرا معنی بعید ہے۔ در اصل شاعر کا مدعا یہ ہوتا ہے کہ بعید کے معنی پر توجہ مرکوز کی جائے اور قاری وہم کی صورت میں قریب کے معنی میں الجھ کر رہ جائے۔ شاعر ذو معنی الفاظ کو اپنے تخلیقی اظہار کی اساس بنا کر صنائع بدائع کی اس صنف کو اپنی شاعری میں استعمال کر کے اپنی جدت پر داد طلب دکھائی دیتا ہے۔ اس سے یہ انداز لگایا جا سکتا ہے کہ رعایت لفظی کی ایسی صورتیں پیدا کر کے شعرا نے کس طرح مفاہیم کو بدلنے میں اپنی صلاحیتوں کا استعمال کیا۔ اردو شاعری کے کلاسیکی عہد میں یہ رسم چل نکلی تھی کہ حقیقت کو خرافات میں نہاں کرنا ہی فنی مہارت کی دلیل ہے۔ داخلی حقائق کو خارجی فرغلوں میں لپیٹ کر پیش کرنا قادر الکلام ہونے کا ثبوت ہے۔ ایہام بعض اوقات الفاظ کی املا سے بھی پیدا کیا جاتا ہے۔

وہ تخلیق کار جنھوں نے ایہام گوئی پر بھرپور توجہ دی ان کے نام حسب ذیل ہیں:

خان آرزوؔ، شاہ مبارک آبروؔ، ٹیک چند بہار، حسن علی شوق، شہاب الدین ثاقب،

رائے آنند رام مخلص، میر زین العابدین آشنا، شرف الدین مضمون، شاہ حاتم، محمد شاکر ناجی، غلام مصطفٰے یک رنگ، محمد احسن احسن، میر مکھن پاک باز، محمد اشرف اشرف، ولی اللہ اشتیاق، دلاور خان بیر نگ، شرف الدین علی خان پیام، سید حاتم علی خان حاتم، شاہ فتح محمد دل، میاں فضل علی دانا، میر سعادت علی خاں سعادت، میر سجاد اکبر آبادی، محمد عارف عارف، عبد الغنی قبول، شاہ کا کل، شاہ مزمل، عبد الوہاب یک رو اور حیدر شاہ

کلام میں ذو معنی الفاظ کا استعمال کرنا اس عہد کے شعرا نے بظاہر ایک جدت کا پہلو تلاش کیا۔ ان کا خیال تھا کہ اس طرح کلام کے حسن میں اضافہ ہو جاتا ہے۔ دور از کار مفہوم اور باتوں کی بے لطفی ضلع جگت کی بے لطفی سے کسی طور بھی کم نہیں (۹) ولی کے سفر دہلی کے بارے میں بھی درست معلومات پر توجہ نہیں دی جاتی۔ ولی کے بارے میں یہ تاثر ملتا ہے کہ انھوں نے کہا تھا۔

دل ولی کا لے لیا دلی نے چھین

جا کہو کوئی محمد شاہ سوں

یہ شعر ولی دکنی کا نہیں بلکہ شرف الدین مضمون کا ہے۔ صحیح شعر اس طرح سے ہے:

اس گدا کا دل لیا دلی نے چھین

جا کہو کوئی محمد شاہ سوں (۱۰)

ولی کے اشعار میں ایہام کا انداز سادگی، سلاست اور اثر آفرینی کا حامل ہے۔

خودی سے اولاً خالی ہوا اے دل

اگر شمع روشن کی لگن ہے

موسیٰ جو آ کے دیکھے تجھ نور کا تماشا

اس کو پہاڑ ہووے پھر طور کا تماشا

شیخ شرف الدین مضمون (م ۱۷۳۵) نے ایہام گوئی کے سلسلے میں اپنے اہم کردار کا ذکر کیا ہے۔

ہوا ہے جگ میں مضمون شہرہ اپنا
طرح ایہام کی جب سیں نکالی

شاہ مبارک آبرو نے ایہام گوئی پر توجہ دی اور اسے اپنے اسلوب کی اساس بنایا۔ آبرو کے اسلوب میں محض ایہام ہی نہیں بلکہ بسا اوقات وہ سادگی، سلاست، بے ساختگی اور دردمندی کو بھی اپنے تخیل کی اساس بنانے کی کوشش کرتے ہیں۔ اگر وہ ایہام پر انحصار نہ کرتے تو ان کا شاعرانہ مقام اس سے کہیں بلند ہوتا۔ ایہام میں ان کی مبتذل شاعری نے ان کے اسلوب کو شدید ضعف پہنچایا۔ شیخ شرف الدین مضمون نے ایہام گوئی کو بہ طور اسلوب اپنایا۔ ان کا شمار ایہام گوئی کے بانیوں میں ہوتا ہے۔ ان کی شاعری میں ایہام کی فراوانی ہے۔ اس کے باوجود اس صنعت کے استعمال کی کسی شعوری کوشش یا کھینچ تان کا گمان نہیں گزرتا۔ ایہام گوئی ان کا اسلوب شعر و سخن رہا لیکن اس میں وہ اس سادگی، سلاست، بے ساختگی اور بے تکلفی کا مظاہرہ کرتے ہیں کہ ان کے کمال فن کو تسلیم کرنا پڑتا ہے ایسا محسوس ہوتا ہے کہ یہ تمام کیفیت نوائے سروش کی ایک صورت بن کر شاعر کے دل میں سما گئی۔

مضمون شکر کر کہ ترا نام سن رقیب
غصے سے بھوت ہو گیا لیکن جلا تو ہے

کرے ہے دار بھی کام کو سر تاج
ہوا منصور سے یہ نکتہ حل آج

کرنا تھا نقش روئے زمیں پر ہمیں مراد

قالین اگر نہیں تو نہیں بوریا تو ہے
نظر آتا نہیں وہ ماہ رو کیوں
گزرتا ہے مجھے یہ چاند خالی
اگر پاؤں تو مضمون کو رکھوں باندھ
کروں کیا جو نہیں لگتا مرے ہاتھ

شیخ ظہور الدین حاتم (م ۱۷۹۱) کا پیشہ سپہ گری تھا۔ ان کی ایہام گوئی ابتذال کی حدوں کو چھولیتی ہے اور ذوق سلیم پر گراں گزرتی ہے۔ اس میں کوئی شبہ نہیں کہ اس کے عہد کے متعدد شعرا نے شیخ ظہور الدین سے اکتساب فیض کیا جن میں مرزا محمد رفیع سودا بھی شامل ہیں۔ حاتم کے اسلوب میں ایک اہم بات یہ ہے کہ وہ تنقیدی بصیرت سے متمتع تھے۔ وہ حالات کے نباض اور قاری کے ذوق سے آشنا تھے اس لیے جب انھوں نے یہ محسوس کیا کہ ایہام سے قاری کا ذوق سلیم غارت ہو جاتا ہے تو انھوں نے نہ صرف اسے ترک کر دیا بلکہ ایسے اشعار بھی اپنے کلام سے حذف کر دیئے۔ نمونہء کلام

مثال بحر موجیں مارتا ہے
لیا ہے جس نے اس جگ کا کنارہ
ہے وہ چرخ مثال سر گرداں
جس کو حاتم تلاش مال ہوا
نظر آوے ہے بکری سا کیا پر ذبح شیروں کو
نہ جانا میں کہ قصاب کا رکھتا ہے دل گردہ

اس عہد کے ایک اور شاعر کا نام بھی ایہام گوئی کے بانیوں میں شامل ہے یہ سید محمد شاکر ناجی ہیں۔ سید محمد شاکر ناجی زمانی اعتبار سے شاہ حاتم اور ولی دکنی کے ہم عصر

ہیں۔ناجی نے اپنی تمام تر صلاحیتیں ایہام گوئی پر صرف کر دیں۔ان کے کلام کا بہ نظر غائر مطالعہ کرنے سے قاری اس نتیجے پر پہنچتا ہے کہ اس تخلیق کار نے اپنے قصر شاعری کو ایہام اور صرف ایہام کی اساس پر استوار کرنے کا عزم کر رکھا تھا۔ایہام کے علاوہ ان کے دیوان میں کچھ موجود نہیں۔ایہام کے استعمال کی شعوری کاوشوں نے ان کے کلام کے حسن کو متاثر کیا ہے اور سادگی، بے ساختگی اور اثر آفرینی عنقا ہو گئی ہے۔نمونہ کلام

ریختہ ناجی کا ہے محکم اساس

بات میری بانیٔ ایہام ہے

قرآں کی سیر باغ پہ جھوٹی قسم نہ کھا

سیپارہ کیوں ہے غنچہ اگر تو ہنسا نہ ہو

شیخ شرف الدین مضمون (م ۱۷۳۴) کا شمار ایہام گوئی کی تحریک کے بنیاد گزاروں میں ہوتا ہے شیخ شرف الدین مضمون کو حاتم اور ناجی کے بعد تیسرا بڑا ایہام گو شاعر قرار دیا جاتا ہے۔ان کی شاعری میں ایہام گوئی کے باوجود جدت اور شگفتگی کا عنصر نمایاں ہے

مصطفی خان یک رنگ کی شاعری میں ایہام گوئی اس شدت کے ساتھ موجود نہیں جس قدر آبرو اور ناجی کے ہاں ہے۔انھوں نے اپنے اسلوب پر ایہام گوئی کو مکمل طور پر حاوی نہیں ہونے دیا بلکہ ایہام گوئی کا ہلکا سا پر تو ان کی شاعری میں موجود ہے۔

جدائی سے تری اے صندلی رنگ

مجھے یہ زندگانی درد سر ہے

ذیل میں بعض ایہام گو شعرا کا نمونہ کلام درج ہے۔جس کے مطالعہ سے ان کے اسلوب کے بارے میں آگہی حاصل ہو سکتی ہے۔

احسن اللہ احسن:

صبا کہیو اگر جاوے ہے تو اس شوخ دلبر سوں
کہ کر کے قول پرسوں کا گئے برسوں ہوئے برسوں

عبد الوہاب یکرو:

دیکھ تجھ سر میں جامۂ ململ
خوش قداں ہاتھ کو گئے ہیں مل

میر محمد سجاد:

ہم تو دیوانے ہیں جو زلف میں ہوتے ہیں
ورنہ زنجیر کا عالم میں نہیں ہے توڑا

اردو شاعری میں ایہام گوئی نے بلاشبہ اپنے عہد کے ادب پر اثرات مرتب کیے کئی تخلیق کار اس جانب مائل بہ تخلیق ہوئے۔جب بھی کوئی تخلیق کار کسی بھی صورت میں اپنے عہد کے علم و ادب کو متاثر کرتا ہے تو بالواسطہ طور پر اس سے افکار تازہ کی سمت ایک پیش رفت کی امکانی صورت پیدا ہوتی ہے۔جہد و عمل کے لیے ایک واضح سمت کا تعین ہو جاتا ہے، جمود کا خاتمہ ہو جاتا ہے اور خوب سے خوب تر کی جانب سفر جاری رہتا ہے لیکن ایہام گوئی کے بارے میں صورت حال انتہائی غیر امید افزا رہی۔ایہام گو شعرا نے الفاظ کا ایک ایسا کھیل شروع کیا جس کی گرد میں معنی او جھل ہو گئے۔لفظوں کی بازی گری نے اسلوب پر غلبہ حاصل کر لیا، دروں بینی کی جگہ سطحیت نے لے لی۔ایہام گو شعرا نے افکار تازہ کی جانب کوئی پیش قدمی نہیں کی بلکہ قدامت پسندی کی پامال راہ پر چلتے ہوئے حقائق کو خیال و خواب بنا دیا۔الفاظ کے اس گورکھ دھندے میں مطالب و مفاہیم عنقا ہوتے چلے گئے۔قاری کا ناطقہ سر بہ گریباں تھا کہ اس کو کس چیز کا نام دے اور خامہ انگشت بہ دندان کہ ایہام گوئی کے متعلق کیا لکھا جائے۔ایہام پر مبنی تحریروں کا تو مدعا ہی عنقا

تھا۔ بعض اوقات ایسا بھی دیکھنے میں آیا ہے کہ تلمیحات، مرکبات اور محاورات کے معانی میں ایہام کے ذریعے حس مزاح کو تحریک ملتی ہے۔ مرزا محمد رفیع سوداؔ کے ہاں اس کا ہلکا سا پرتو ملتا ہے۔ کہتے ہیں آخری عمر میں مرزا محمد رفیع سوداؔ دہلی سے ترک سکونت کر کے لکھنو چلے گئے اور نواب آصف الدولہ کے دربار سے وابستہ ہو گئے۔ ایک مرتبہ نواب آصف الدولہ شکار کو گئے سوداؔ بھی ہمراہ تھے۔ شکار کرتے ہوئے "بھیلوں" کے جنگل میں نواب آصف الدولہ نے ایک شیر مارا۔ اس موقع کی مناسبت سے سوداؔ نے برجستہ کہا

یارو! یہ ابن ملجم پیدا ہوا دوبارہ

شیر خدا کو جس نے "بھیلوں" کے بن میں مارا

یہاں شیر خدا سے مراد اللہ کی مخلوق شیر ہے۔ اس میں مزاح نگار نے ناہمواریوں کا ہمدردانہ شعور اجاگر کر کے فن کارانہ انداز میں ایہام کے ذریعے مزاح پیدا کیا ہے۔

ایہام گوئی اپنی نوعیت کے لحاظ سے کلاسیکیت کے قریب تر دکھائی دیتی ہے۔ اس تحریک کے علم برداروں نے الفاظ کے اس کھیل میں اس قدر گرد اڑائی کہ حسن و رومان کے تمام استعارے قصۂ پارینہ بن گئے۔ اردو کو مقامی اور علاقائی آہنگ سے آشنا کرنے میں ایہام گو شعرا نے اپنی پوری توانائی صرف کر دی۔ متعدد ایسے الفاظ زبان میں شامل کیے جو مانوس نہیں تھے۔ اس کا نتیجہ یہ نکلا کہ زبان میں ان الفاظ کو قبولیت نصیب نہ ہو سکی۔ تاہم کچھ الفاظ ایسے بھی تھے جن کو اپنی جگہ منانے میں کامیابی ملی۔ اس لسانی تجربے سے مستقبل میں مزید تجربات کی راہ ہموار ہوئی اور علاقائی زبانوں کے الفاظ رفتہ رفتہ اردو میں جذب ہونے لگے۔ اردو شاعری میں ایہام گوئی کی تحریک یک بگولے کی طرح اٹھی اور سارے ماحول کو مکدر کرنے بعد گرد کی طرح بیٹھ گئی جب افق ادب پر مطلع صاف ہوا تو اس کا کہیں نام و نشاں تک دکھائی نہ دیا۔

ایہام گوئی محض الفاظ کی بازی گری کا نام ہے۔ شاعری کو تاریخ کی نسبت ایک وسیع اور جامع حیثیت حاصل ہے۔ ایہام گوئی میں ایسی کوئی صفت نظر نہیں آتی۔ اس عہد میں جن شعرا نے ایہام گوئی پر توجہ دی ان میں سے شاہ حاتم اور ولی کے علاوہ کوئی بھی اپنا رنگ نہ جما سکا۔ باقی سب ابتذال کی راہ پر چل نکلے۔ علم و ادب کے فروغ کے لیے یہ امر نا گزیر ہے کہ درخشاں اقدار و روایات کو پروان چڑھایا جائے۔ جب تخلیق کار نظام اقدار کو پس پشت ڈالنے کی مہلک غلطی کے مرتکب ہوتے ہیں تو تاریخ انھیں یکسر فراموش کر دیتی ہے۔ اخلاقیات سے قطع نظر ادبیات کے حوالے سے بہر حال ایہام گو شعرا نے الفاظ کے مفاہیم اور معنوی لطافتوں اور نزاکتوں کے حوالے سے جو کام کیا وہ ناقابل فراموش ہے۔ کثیر المعنویت کی اہمیت مسلمہ ہے۔ لفظ کی حرمت اور اسے برتنے کا قرینہ آنا چاہیے۔ ایہام گو شعرا نے مرصع ساز کا کردار ادا کیا الفاظ کو مربوط انداز میں اشعار کے قالب میں ڈھال کر انھوں نے الفاظ کو گنجینۂ معانی کا طلسم بنا دیا۔ تاریخ ادب میں اس تجزیے کو ہمیشہ قدر کی نگاہ سے دیکھا جائے گا۔

ماخذ:

۱۔ محمد اکرام شیخ ڈاکٹر: رودِ کوثر، ادارہ ثقافت اسلامیہ، لاہور، طبع دوازدہم ۱۹۸۸، صفحہ ۵۹۸

۲۔ حسن اختر ملک ڈاکٹر: اردو شاعری میں ایہام گوئی کی تحریک، یونیورسل بکس، لاہور ۱۹۸۶، صفحہ ۲۴

۳۔ انور سدید ڈاکٹر: اردو ادب کی تحریکیں، انجمن ترقی اردو، اشاعت چہارم ۱۹۹۹، صفحہ ۱۸۷

۴۔ وقار عظیم سید پروفیسر: تاریخ ادبیات مسلمانان پاکستان و ہند، جامعہ پنجاب،

لاہور، ساتویں جلد، ۱۹۷۱، صفحہ ۶۵

۵۔ وقار عظیم سید پروفیسر : تاریخ ادبیات مسلمانان پاکستان و ہند، جامعہ پنجاب، لاہور، ساتویں جلد، ۱۹۷۱، صفحہ ۶۷

۶۔ رام بابو سکسینہ : تاریخ ادب اردو، ترجمہ مرزا محمد عسکری، گلوب پبلشرز، لاہور صفحہ ۱۲۷

۷۔ عبدالحق مولوی ڈاکٹر : " اردو شاعری میں ایہام گوئی " مضمون مجلہ ہم قلم، کراچی، اشاعت جون ۱۹۶۱، صفحہ ۹

۸۔ محمد حسین آزاد : آب حیات، سنگ میل پبلی کیشنز، لاہور صفحہ ۷۵

۹۔ حسرت موہانی سید فضل الحسن : نکات سخن، حیدر آباد، جنوری ۱۹۲۵ صفحہ ۱۱۸

۱۰۔ حسن اختر ملک ڈاکٹر : اردو شاعری میں ایہام گوئی کی تحریک، یونیورسل بکس، لاہور ۱۹۸۶، صفحہ ۷۶

* * *

شاعری میں ایہام گوئی کی تحریک

جی ایم اصغر

''ایہام'' عربی زبان کا لفظ ہے، جس کے لغوی معنیٰ ''وہم یا وہم میں ڈالنا'' ہیں۔ شاعری کی اصطلاح میں ''علم عروض کی وہ صنعت، جس میں شاعر، شعر میں ایسا لفظ لائے، جس کے دو معنیٰ ہوں ''صنعت ایہام'' کہلاتی ہے۔ چوں کہ اس صنعت کے استعمال سے قاری یا سامع، وہم میں پڑ جاتا ہے کہ وہ شعر کا مفہوم کیا سمجھے۔ اس لیے اس صنعت کا نام ایہام رکھا گیا۔ صنعت ایہام کے استعمال کی خوبی یہ ہے کہ جس ذو معنی لفظ پر شعر کی بنیاد رکھی جاتی ہے، اس کا ایک معنیٰ مفہوم کے قریب تر اور دوسرا بعید ہوتا ہے لیکن شعر میں، شاعر کی مراد معنیٰ بعید سے ہوتی ہے، قریب سے نہیں۔ واضح ہو کہ ایہام میں شعر کا مطلب ایک ہی ہوتا ہے۔

امیر خسرو، اردو میں صنعت ایہام استعمال کرنے والے اولین شاعر ہیں۔ ان کی کہہ مکرنیوں اور پہیلیوں میں اس کا استعمال کثرت سے نظر آتا ہے۔ ایہام کی کی صنعت، اس زمانے میں دو زبانوں میں مستعمل تھی، ایک ہندی اور دوسری فارسی۔ محمد حسین آزاد اور مولوی عبدالحق کے خیال میں اردو ایہام پر زیادہ تر ہندی شاعری کا اثر ہے اور ہندی میں یہ صنعت، سنسکرت سے پہنچی۔ سنسکرت میں اس صنعت کو ''سلیش'' کہا جاتا ہے لیکن ایہام اور سلیش میں بنیادی فرق یہ ہے کہ سلیش میں ایک شعر کے کئی معنی ہو سکتے ہیں

لیکن ایہام میں شعر کا مطلب صرف ایک ہوتا ہے۔

شمالی ہند میں ولی کی آمد نے ریختہ گویوں کو ایک نیا حوصلہ بخشا۔ دیوان ولی کی تلقید میں جب اردو ادب کا نیا دور شروع ہوا تو فارسی داں طبقے نے اس کے خلاف اہانت آمیز رویّہ اختیار کیا۔ اس منفی رویے کے خلاف پہلا رد عمل خان آرزو کے ہاں پیدا ہوا اور انھوں نے فارسی کو ترک کر کے، ریختہ کے مشاعرے کرانا شروع کر دیئے۔ فارسی کا مقابلہ کرنے کے لیے اردو شعراء نے لفظ کو نئے نئے انداز میں استعمال کرنے کی کوشش کی۔ اس طرح اردو میں ایہام گوئی کا رجحان پیدا ہوا، جو دیکھتے ہی دیکھتے اردو کی پہلی باقاعدہ تحریک کی صورت اختیار کر گیا۔ اس وقت محمد شاہ رنگیلا، مسند اقتدار پر براجمان تھا۔ مغلیہ سلطنت، کمال اوج دیکھنے کے بعد آمادہ زوال تھی۔ محمد شاہ عیش و عشرت کا دلدادہ تھا۔ گو کہ اس نے اپنی کوششوں اور دیگر امراء کی مدد سے "سادات بارہہ" کا زور توڑا لیکن اس میں یہ صلاحیت نہ تھی کہ مرہٹوں، جاٹوں یا روہیلوں کی بڑھتی ہوئی طاقتوں کا استیصال کر سکتا۔ یہی وہ دور ہے، جب سیاسی بد نظمی کا فائدہ اٹھاتے ہوئے، نادر شاہ، بلائے ناگہانی کی طرح دلّی میں نازل ہوا اور اس کی اینٹ سے اینٹ بجا دی۔

نادر شاہ کے حملے نے اجتماعی زندگی کا شیرازہ بکھیر دیا۔ فرد، اجتماعی خوف سے دوچار ہوا، چناں چہ اس نے اپنے اظہار خیال کے لیے ذو معنی الفاظ کا سہارا لیا، جو صنعت ایہام کے فروغ کا باعث بنا۔ ۱۷۳۴ء میں جب نواب خان دوراں میر بخشی مرہٹوں سے شکست کھا کر واپس آئے تو نواب عمدۃ الملک امیر خان نے برجستہ یہ جملہ کہا۔ "نواب آئے، ہمارے بھاگ آئے"۔ اس جملے میں بھاگ کا لفظ فرار اور قسمت دونوں معنی میں استعمال ہوا ہے۔

یہ وہ دور تھا، جب معاشرتی اقدار ٹوٹ رہی تھیں۔ فرد، قول و فعل کے تضاد کا شکار

تھا، رشتے، کمزور پڑ رہے تھے، ذاتی مفاد اجتماعی مفاد پر غالب آ چکا تھا، لوگ ظاہری نمود و نمائش کا شکار تھے، امراء نے اقتدار کی ہوس میں سلطنت کو سازشوں اور خانہ جنگیوں کی آماج گاہ بنا دیا تھا۔ اس تہذیبی، معاشرتی اور سیاسی ماحول میں، فارسی شعرائے متاخرین کی طرح، اردو شعراء بھی ایہام گوئی کی طرف متوجّہ ہوئے۔

فارسی، مغلیہ سلطنت کی سرکاری زبان تھی، اس لیے دربار شاہی تک رسائی کے لیے فارسی کا علم ضروری تھا۔ گو کہ عوام الناس کی زبان فارسی نہ تھی، لیکن اس زبان کے ساتھ لوگوں کا معاش وابستہ تھا۔ جب تک مغلیہ سلطنت کا سورج اپنی آب و تاب کے ساتھ چمکتا رہا، فارسی زبان کا گلستان بھی مہکتا رہا۔ جب اٹھارہویں صدی عیسوی میں مغلیہ سلطنت کا زوال شروع ہوا تو فارسی کا اثر بھی کم ہونے لگا اور اردو، جو عوام کی مشترکہ زبان تھی، اس کی جگہ لینے لگی۔ رفتہ رفتہ اس کا اثر اتنا بڑھا کہ جہاں دار شاہ کے عہد میں اردو سرکار کی غیر سرکاری زبان بن کر قلعۂ معلیٰ میں رائج ہو گئی۔ گو کہ خواص اور اہل ادب کی زبان فارسی ہی تھی اور وہ اسی زبان میں داد سخن دیتے رہے۔

دوسری طرف صورتِ حال یہ تھی کہ ایرانی علما و فضلا کی بڑی تعداد مغلوں کے زمانے میں ہندوستان میں وارد ہوئی، ہمیشہ اہلِ ہند کی فارسی پر اعتراض کرتے رہتے تھے۔ یہ تنازع اس وقت اپنے عروج پر پہنچ گیا، جب شیخ محمد علی حزیں ۱۷۴۴ میں دہلی تشریف لائے۔ حزیں، تنک مزاج اور متکبر انسان تھے۔ جب انہوں نے ہندوستان کی فارسی پر اعتراض کیا تو لوگوں نے سند میں سراج الدین علی خان آرزو کو پیش کیا۔ حزیں نے آرزو کی فارسی پر بھی اعتراضات اٹھائے اور ہند اور اہلِ ہند کی ہجویں لکھیں۔ آرزو، جو اپنے وقت کے مسلم الثبوت استاد تھے، یہ رویہ برداشت نہ کر سکے اور خم ٹھونک کر میدان اتر آئے۔ آرزو کا ردِ عمل، اردو شاعری کی صورت میں سامنے آیا۔ انہوں نے مقامی شعرا

کو فارسی کے بجائے، اردو میں شاعری کی ترغیب دی اور ہر مہینے کی پندرہ تاریخ کو اپنے گھر پر مشاعرہ منعقد کرنے لگے۔ ان کی کاوشوں کا نتیجہ یہ نکلا کہ نئی نسل، اردو کی جانب متوجہ ہوئی۔

اردو کو فارسی کے مقابل لانے کے لیے شعرا نے الفاظ کو نت نئے پیرائے میں باندھنا شروع کیا، تاکہ اردو کو ایک متمول زبان ثابت کیا جاسکے۔ اس شعوری کوشش نے اردو میں صنعتِ ایہام کو فروغ دیا۔ ایہام کو خانِ آرزو اور ان کے شاگردوں شام حاتم، مضمون، آبرو اور یک رنگ وغیرہ نے اتنی فراوانی سے استعمال کیا کہ یہ رجحان بڑھ کر باقاعدہ تحریک کی شکل اختیار کر گیا۔

اردو شاعری میں ایہام گوئی کی تحریک، بظاہر فارسی کا ردِ عمل نظر آتی ہے، لیکن حقیقت میں یہ تحریک، ہندوستان کے ارضی اور ایران کے سماوی عناصر کے تصادم کا نتیجہ تھی۔ اردو کی جڑیں، زمین کے ساتھ پیوستہ تھیں، لیکن اسے وہ ساز گار فضا میسر نہ آئی، جو اسے ادبی سطح پر بار آور کرتی۔ جب ولی کا دیوان دہلی پہنچا تو دکن کے اس بیج نے شمالی ہندوستان میں اردو شاعری کی وہ فصل تیار کی، جس سے گلشنِ اردو ہمیشہ فیض یاب ہوتا رہے گا۔ ولی کی دہلی آمد بڑی بروقت تھی۔ اس وقت کی عیش پرست سوسائٹی نے اس شاعری کو اپنے رنگین مزاج سے ہم آہنگ پایا۔ یہی وجہ تھی کہ ولی کے دیوان میں سب سے زیادہ جس چیز نے لوگوں کو اپنی طرف متوجہ کیا، وہ ایہام گوئی تھی۔ اس طرح دکنی تہذیب کے اثرات بھی شمالی ہند میں ایہام گوئی کا محرک ثابت ہوئے۔ اس تحریک کی وجہ سے لفظِ تازہ کی تلاش شروع ہوئی، جس سے زبان میں الفاظ وتراکیب کی تعداد بڑھی اور اردو شاعری کا ایک مخصوص انداز ترتیب پا گیا۔

جب کوئی رجحان کثرت سے استعمال ہونے لگتا ہے تو اس کی کشش کم ہونے لگتی

ہے۔ لوگ اکتا کر نئے رجحان کی طرف مائل ہو جاتے ہیں۔ چنانچہ محمد شاہ کے آخری دور میں تحریکِ ایہام کو بھی ایسے ہی ردِ عمل کا سامن کرنا پڑا۔ مرزا ظہیر جانِ جانان نے اس کے خلاف کامیاب مہم چلائی، اردو شاعری میں ایہام گوئی کی تحریک کے اثرات کو بہر حال نظر انداز نہیں کیا جاسکتا۔

***

ایہام کی روایت اور شعرائے اردو کا دماغ

راحیل فاروق

آزادؔ نے اپنے تذکرے میں محمد احسنؔ نام کے کسی صاحب کا ایک شعر نقل کیا ہے:

یہی مضمونِ خط ہے احسنؔ اللہ

کہ حسنِ خوب رویاں عارضی ہے

موصوف اردو شاعری میں ایہام گوئی کی تحریک سے تعلق رکھتے تھے تاہم کوئی معروف اور نمائندہ شاعر نہیں ہیں۔ اس تحریک کے اور بہت سے شعرا اور اشعار زیادہ مشہور ہیں اور ادب کے طلبہ ان سے واقف ہیں۔ میرا مدعا اس مضمون میں یہ دکھانا ہے کہ اردو شاعری کی ایک مردود تحریک یعنی ایہام گوئی سے تعلق رکھنے والا ایک اوسط درجے کا شاعر آج کل کے شعرا کے مقابل کس درجے پر ہے اور اردو ادب کی معمولی سے معمولی روایات بھی عالمی ادب کے تناظر میں کس قدر غیر معمولی واقع ہوئی ہیں۔

بہتر ہو گا کہ ہم پہلے شعر مذکور میں استعمال ہونے والے الفاظ پر ایک گہری نظر ڈال لیں۔

مضمون

یہ لفظ عربی کے مادے ض م ن سے نکلا ہے۔ ضامن کا لفظ اسی سے تعلق رکھتا ہے۔ اس کے معانی ضمانت دینا، یقینی بنایا اور کسی شے کے اندر موجود ہونا کے ہیں۔ پہلے دو معانی

میں ضمانت کا لفظ ہمارے ہاں موجود ہے جبکہ تیسرے معانی میں ہم اکثر ضمن استعمال کرتے ہیں۔ مثلاً اس ضمن میں میں یہ کہنا چاہتا ہوں یا ضمناً یہ بات بھی کہتا چلوں وغیرہ۔

مضمون اسمِ مفعول ہے اور اس کے دو مطلب سامنے آتے ہیں۔ اول وہ شے جس کی ضمانت دی گئی ہو۔ دوم وہ شے جو کسی شے کے اندر موجود ہو۔ اردو میں مضمون سے مراد ایک خاص قسم کی مبسوط و مربوط نگارش لی جاتی ہے جسے انگریزی میں Essay کہتے ہیں۔ تاہم اصل معانی کے اشارے بھی کہیں کہیں مل جاتے ہیں۔ مثال کے طور پر یہ جملہ دیکھیے:

آپ کے خط کا مضمون مجھ پر واضح نہیں ہو سکا۔

یہاں مضمون سے مراد کوئی لمبی چوڑی تحریر نہیں بلکہ وہ شے ہے جو خط کے اندر ہے۔ یعنی خط کا مطلب یا مقصد۔

خط

یہ بھی عربی لفظ ہے۔ اس کا اصل مطلب لکیر کھینچنا ہے۔ لکھنے کے معانی میں بھی آتا ہے۔ اس لیے فارسی اور اردو میں اس مراسلے کو بھی خط کہتے ہیں جو دور رہنے والے لوگ ایک دوسرے کو لکھ بھیجتے ہیں۔ رسم الخط کا معنیٰ وہ ڈھنگ ہے جس سے کوئی زبان لکھی جاتی ہے۔ اس کے علاوہ خط سے مراد وہ بال بھی لیے جاتے ہیں جو لڑکوں کے رخساروں پر جوانی میں نمودار ہوتے ہیں۔ یعنی ڈاڑھی۔ خط بنوانا کا محاورہ ہم سب نے سن رکھا ہے۔ حجام کو خط تراش بھی کہتے ہیں۔

حسن

حسن کا مطلب خوبی یا اچھائی ہے۔ فارسی اور اردو میں البتہ اس سے مراد زیادہ تر شکل کا اچھا ہونا لیا جاتا ہے۔ تاہم حسنِ اخلاق جیسی تراکیب میں اصل معانی کا سراغ مل

جاتا ہے۔

اسی شعر میں احسن کا لفظ بھی حسن سے نکلا ہے اور تفضیلِ کل کا مظہر ہے۔ اس کا مطلب ہے سب سے اچھا۔

خوب رویاں

یہ فارسی ترکیب خوب رو کی جمع ہے۔ رو چہرے کو کہتے ہیں اور خوب کا معنیٰ اچھا۔ خوب رو یعنی اچھے چہرے والا۔ خوش شکل۔ خوب صورت۔

عارضی

یہ بھی عربی لفظ ہے۔ ع ر ض کے مادے سے نکلا ہے۔ یہ مادہ نہایت وسیع اور پیچیدہ معانی رکھتا ہے۔ تاہم ہمارے مقصد کے لیے یہ جان لینا کافی ہو گا کہ عارضی کا ایک مطلب اردو میں وقتی یا ناپائدار ہونے کا لیا جاتا ہے۔ دوسری جانب عارض رخسار یا گال کو بھی کہتے ہیں۔ اس اعتبار سے عارضی کا مطلب ہو گا رخسار کا یا رخسار سے تعلق رکھنے والا۔

اب ذرا ایک نظر ایہام پر۔۔۔

ایہام

یہ وہم کے عربی مادے سے نکلا ہے۔ وہم کا لفظ اردو میں عام ہے۔ اصل معانی بھی قریب قریب وہی ہیں جن میں ہم استعمال کرتے ہیں۔ یعنی دھوکے کا خیال۔ تصور۔ تخیل۔ واہمہ۔

ایہام شاعری کی اصطلاح میں اسے کہتے ہیں کہ شعر میں ایسے الفاظ لائے جائیں جو قاری یا سامع کو دھوکے میں ڈالنے والے ہیں۔ دھوکا تبھی لگتا ہے جب کسی شے کا ظاہر اور ہو اور باطن اور۔ ایہام گوئی میں بھی الفاظ دو طرح کے معانی رکھتے ہیں۔ اول وہ جو ظاہری طور پر معلوم ہوں اور دوم وہ جن کی حقیقت بعد میں کھلے۔

اردو شاعری کے ابتدائی دور میں ایہام کی صنعت بہت مقبول ہوئی تھی اور ایک تحریک کی شکل اختیار کر گئی تھی۔ ہم جس شعر پر بات کر رہے ہیں اس میں بھی اسی سے کام لیا گیا ہے۔ آیئے، اب ان طلسمات کو کھولنے کی کوشش کرتے ہیں جو شاعر نے ان چند الفاظ میں باندھ کر رکھ دیے ہیں۔

یہی مضمونِ خط ہے احسن اللہ

کہ حسنِ خوب رویاں عارضی ہے

پہلی نظر میں معلوم ہوتا ہے کہ شاعر کسی خط یعنی مکتوب کا ذکر کر رہا ہے۔ کہتا ہے کہ خط کا مضمون یہ ہے کہ خوبصورت لوگوں کا حسن عارضی اور ناپائدار ہے۔ گویا شاعر نے محبوب کو خط لکھا اور کہا کہ اس قدر غرور نہ کرو۔ حسن ہمیشہ رہنے والی شے نہیں۔

دوسرا مفہوم ایک جادونگری ہے جس کا دروازہ ذوق اور علم کے منتر سے کھلتا ہے۔ جاننا چاہیے کہ ہماری روایت کی شاعری امرد پرستی یعنی نوعمر لڑکوں کی محبت میں گندھی ہوئی ہے۔ زمانے کے ذوق بدلتے رہتے ہیں۔ عہدِ حاضر کی بڑی تہذیبیں ہم جنس پرستی میں مضائقہ نہیں سمجھتیں مگر نابالغوں سے تعلق کو برا جانتی ہیں۔ ہمارے ادب کی روایت میں بالغوں کی ہم جنس پرستی مذموم تھی مگر کچی عمر کے لڑکے محبوب تھے۔ کیا شعرا اور کیا صوفیا، کیا خواص اور کیا عوام، اس دور کے لوگ اکثر اسی رنگ میں رنگے نظر آتے ہیں۔ مذکورہ شعر کا دوسرا مفہوم اسی روایت سے متعلق ہے۔

فرماتے ہیں کہ جو لڑکا محبوب تھا اس کے رخساروں پر خط آ گیا۔ یعنی ڈاڑھی نمودار ہو گئی۔ اس خط کا مضمون یعنی مدعا یا اندر کی بات یہ ہے کہ حسن والوں کا حسن مستقل چیز نہیں۔ دوسرے لفظوں میں ڈاڑھی نے حسن و جمال کے فانی ہونے کا بھید کھول دیا۔ یہ وہ مطلب ہے جو پہلی نظر میں نہیں کھلتا۔ لیکن بات یہاں ختم نہیں ہوتی۔ ایک اور پہلو یہ

ہے کہ حسن والوں کا حسن تو عارض یعنی رخسار سے تعلق رکھتا ہے اس لیے عارضی ہے۔ یعنی گالوں پر بال آ گئے اور حسن رخصت ہو گیا تو معلوم ہوا کہ دلکشی سدا بہار نہیں بلکہ صاف اور سادہ عارض سے متعلق ہے۔

رعایات کا ایک جہان ہے جو گنتی کے ان الفاظ میں سمو دیا گیا ہے۔ خوب اور حسن ایک معنیٰ کے الفاظ ہیں۔ عارض اور رو بھی ایک قبیل سے ہیں۔ احسن کا لفظ بھی حسن سے تعلق رکھتا ہے۔ خط بھی عارض اور رو یعنی چہرے سے متعلق ہے۔ مضمون کا لفظ پہلے معانی میں خط بمعنیٰ مکتوب سے متعلق ہے اور دوسرے میں یہ اشارہ کر رہا ہے کہ چہرے کے بال گویا اس حقیقت کے ضامن ہیں کہ حسن ناپائدار ہے۔ اگر موشگافی کے الزام سے امان پاؤں تو کہوں کہ تخلص میں احسن اللہ کی ترکیب بھی اہلِ ذوق کے لیے ایک گونہ لطف کا باعث ہو گی۔

یہ بات بڑی دلچسپ ہے کہ اردو شعرا نے ایہام کی روایت کو زیادہ پسند نہیں کیا اور یہ بہت جلد دم توڑ گئی۔ لیکن ذرا تصور کیجیے کہ ایک مردود روایت سے تعلق رکھنے والے اوسط درجے کے شاعر کے ہاں بھی زبان و بیان کا اس قدر گہرا فہم اور ذوق پایا جاتا ہے تو وہ اساتذہ کس مقام پر ہوں گے جنھوں نے ایہام گوئی کو اپنے شایانِ شان ہی نہیں سمجھا!

یاد نہیں کہاں مگر پڑھا تھا کہ جنگِ آزادی کے دنوں میں کسی گورے نے ہمارے کسی بزرگ سے پوچھا کہ ٹم کتنی زبانیں جانٹا۔ انھوں نے اردو فارسی عربی وغیرہ کے نام لیے۔ گورے نے حقارت سے کہا، بس؟ پھر اردو ہندی سمیت کوئی درجن بھر زبانوں کے نام گنوائے جنھیں وہ "جانٹا" تھا۔ بزرگوار نے فرمایا، ہمارے ہاں جاننا اسے نہیں کہتے۔ ہم زبان جاننا اسے کہتے ہیں کہ بولنے والا بولے تو کوئی اہلِ زبان سے فرق نہ کر سکے۔ ورنہ جس طرح کی اردو تم جانتے ہو اس سے بہتر بیسیوں زبانیں میں جانتا ہوں۔

اس گورے کو مرے ہوئے بھی خدا جانے کتنا عرصہ ہو گیا ہو گا۔ اس کے ساتھی ہندوستان کو لوٹ کر اور بانٹ کر کب کے یہاں سے جا چکے۔ مگر اب معلوم ہوتا ہے کہ ڈاکا زبردست پڑ گیا۔ عصرِ حاضر کے ادیبوں میں وہ لوگ بھی انگریزی ادب سے متاثر ہیں جو انگریزی زبان نہیں جانتے۔ وہ بھی فرانسیسی شعرا کے عاشق ہیں جن کو فرانسیسی میں فرانسیسی کے ہجے نہیں معلوم۔ وہ بھی روسی افسانہ نگاروں کے چربے اتار رہے ہیں جو کہیں روسی لکھی دیکھ پائیں تو اسے جاپانی سمجھتے ہیں۔ خود اپنی زبان کو بھی ہم اپنے بزرگوں کی طرح نہیں سمجھتے بلکہ اس گورے کی طرح "جانتے" ہیں جو مر کر بھی ہم پر حکومت کر رہا ہے۔

مغرب کی روایت رہی ہے کہ وہ ادب کے تراجم کو بھی ادب ہی گردانتے ہیں۔ ہماری تہذیب جدا ہے۔ ہمارا ادب زبان کی ایک پاکیزہ اور مہذب شکل ہے۔ جو زبان سے بے بہرہ ہو اس کے ادب میں بار پانے کا سوال ہی پیدا نہیں ہوتا۔ جس شعر کا مقدور بھر تجزیہ اوپر پیش کیا گیا ہے اسی کا کسی زبان میں اپنی مرضی سے ترجمہ کر کے دیکھ لیجیے۔ اندازہ ہو جائے گا کہ ہماری روایات کا مرتبہ کیا ہے اور گورے کسی چیز کو زبان دانی اور ادب فہمی سمجھتے ہیں۔ لیکن جیسا ہم نے پہلے عرض کیا کہ ڈاکا زبردست پڑ گیا ہے۔ ہمارے ادیب اور شاعر اب مغرب کے چوسے ہوئے آموں کی گٹھلیاں چبانے ہی کو ذائقے اور ذوق کی معراج سمجھتے ہیں۔ ورنہ اپنے باغ لوٹنے تو لوگ سمندر پار سے آیا کرتے تھے۔

***

اردو شاعری کی ترقی میں ایہام گوئی کا حصہ

ڈاکٹر محمد خلیق الزماں

اٹھارہویں صدی اردو شاعری کا انتہائی زرخیز دور رہا ہے۔ اس دور میں مختلف لسانی اور تہذیبی عوامل کے تحت شمالی ہند میں اردو شاعری کا رواج عام ہوا۔ ریختہ گوئی کی شروعات ہوئی اور اردو شاعری کی ایک بڑی اہم تحریک ایہام گوئی کا جنم اسی عہد میں ہوا جس نے اردو شاعری کو بے حد متاثر کیا۔ اور اردو زبان نے شاعری کی حد تک فارسی زبان کی جگہ لے لی اور ایک توانا زبان کی حیثیت سے معروف و مقبول ہوئی۔

صدیوں سے ہندوستان کی علمی اور ادبی زبان فارسی تھی اور ہندوستان کے شعرا اور اُدبا نے فارسی زبان میں بے پناہ قدرت حاصل کر لی تھی لیکن اہل زبان ایران یہاں کے شعرا کو قابل اعتنا نہیں سمجھتے تھے جس کی وجہ سے کئی تنازعات بھی سامنے آئے، عرفی اور فیضی کا تنازعہ اسی دور کی پیداوار ہے۔ ایرانی اور ہندوستانی فارسی دانوں کی اس محاذ آرائی نے اس احساس کو اور بھی ہوا دی کہ ہندوستانی فارسی زبان میں کتنی ہی مہارت حاصل کر لیں انھیں وہ پذیرائی اور اہمیت حاصل نہیں ہو سکتی جو اہل ایران کو حاصل ہے۔ اس رویے نے ہندوستان کے فارسی گو شعرا کو اپنی تخلیقی صلاحیتوں کے استعمال اور فکر و خیال کے جوہر دکھانے کے لیے ایک نئے میدان کی طرف متوجہ کیا۔ چنانچہ سراج الدین علی خاں آرزو نے یہاں کے شعرا کو ریختہ میں شعر گوئی کی ترغیب دی

اور ہر ماہ کی پندرہویں تاریخ کو ان کے گھر پر "مراختے" کی مجلسیں آراستہ ہونے لگیں۔ مشاعرہ کے انداز پر "مراختہ" کی اصطلاح وضع کی گئی۔ اب نئی نسل کے بیشتر شعرا نے فارسی میں شعر گوئی ترک کردی اور ان کی پوری توجہ ریختہ گوئی میں صرف ہونے لگی یہ چیزیں اتنی عام ہوئیں کہ فارسی گو شعرا بھی رواج زمانہ کے مطابق منہ کا ذائقہ بدلنے کے لیے ریختہ میں شاعری کرنے لگے۔

اٹھارویں صدی کے دوسرے دہے میں جب ولی کا دیوان دہلی پہنچا تو اس نے شمالی ہند کے ریختہ گو شعرا میں ایک نئی روح پھونک دی۔ ولی کا یہ دیوان ریختہ میں تھا اور فارسی روایت کے عین مطابق حروف تہجی کے اعتبار سے ترتیب دیا گیا تھا جس کا اثر یہ ہوا کہ شعرائے دہلی میں بھی دیوان سازی کا عمل زور پکڑنے لگا۔ اس طرح اردو شاعری ایک نئے دور میں داخل ہوگئی۔ شمالی ہند میں جب اردو شاعری کا پہلا دور شروع ہوا تو اس دور کے اردو شاعر فارسی کی تہذیبی اور شعری روایت کے زیر سایہ پرورش پا رہے تھے لہٰذا اردو شعرا نے فارسی شعرا کے مقبول رجحانات کو ہی اپنا مشعل راہ بنایا اور فارسی شاعری کی جس روایت کو پہلی بار اختیار کیا گیا وہ "ایہام گوئی" کی روایت تھی۔

بقول ڈاکٹر جمیل جالبی:

"دیوان ولی نے شمالی ہند کی شاعری پر گہرا اثر ڈالا اور دکن کی طویل ادبی روایت شمال کی ادبی روایت کا حصہ بن گئی۔ اٹھارہویں صدی شمال و جنوب کے ادبی و تہذیبی اثرات کے ساتھ جذب ہوکر ایک نئی عالم گیر روایت کی تشکیل و تدوین کی صدی ہے۔ اردو شاعری کی پہلی ادبی تحریک یعنی ایہام گوئی بھی دیوان ولی کے زیر اثر پروان چڑھی"۔ا۔

ایہام گوئی شمالی ہند میں اردو شاعری کی ایک بڑی تحریک تھی۔ یہ تحریک محمد شاہی

عہد میں شروع ہوئی اور ولی کے دیوان کی دلی آمد کے بعد اس صنعت کو عوامی مقبولیت ملی۔ شمالی ہند میں اردو شاعری کی ترقی کا آغاز اسی تحریک سے ہوتا ہے۔

ایہام عربی زبان کا لفظ ہے جس کے لغوی معنی ہیں 'وہم میں ڈالنا' اور 'وہم میں پڑنا یا وہم میں ڈالنا۔' چونکہ اس صنعت کے استعمال سے پڑھنے والا وہم میں پڑ جاتا ہے، اس لیے اس کا نام ایہام رکھا گیا۔

ایہام کا اصطلاحی مفہوم یہ ہے کہ یہ وہ صنعت ہے جس سے شعر کے بنیادی لفظ یا لفظوں سے قریب اور بعید دونوں معنی نکلتے ہوں اور شاعر کی مراد معنی بعید سے ہو۔ نکات الشعرا میں میرؔ کے الفاظ یہ ہیں:

"معنی ایہام اینست کہ لفظے کہ بر و بنائے بیت بو آں دو معنی داشتہ باشد یکے قریب و یکے بعید و بعید منظور شاعر باشد و قریب متروک او" ۲

ڈاکٹر جمیل جالبی ایہام کی تعریف کرتے ہوئے لکھتے ہیں:

"ایہام کے معنی یہ ہیں کہ وہ لفظ ذو معنی ہو جس پر شعر کی بنیاد رکھی گئی ہے اور ان دونوں معنی میں سے ایک قریب ہوں دوسرے بعید۔ اپنے شعر میں شاعر کی مراد معنی بعید سے ہو قریب سے نہیں۔"۳

ایہام کئی طرح کے ہوتے ہیں اور اس کی کئی قسمیں ہیں۔ اردو کے مشہور نقاد شمس الرحمن فاروقی نے اس کی تین قسمیں بیان کی ہیں:

۱۔ ایہام خالص:

یعنی جہاں ایک لفظ کے دو معنی ہوں ایک قریب کے اور ایک دور کے اور شاعر نے دور کے معنیٰ مراد لیے ہوں۔

۲۔ ایہام پیچیدہ:

جہاں ایک لفظ کے دو معنی یا دو سے زیادہ معنی ہوں اور تمام معنی کم و بیش مفید مطلب ہوں عام اس سے کہ شاعر نے کون سے معنی مراد لیے ہوں۔

۳۔ ایہام مساوات:

جہاں ایک لفظ کے دو معنی ہوں دونوں برابر کے کم و بیش یا بالکل قوی ہوں اور یہ فیصلہ کرنا مشکل ہو کہ شاعر نے کون سے معنی مراد لیے تھے۔"۴

ایہام گوئی کی یہ صنعت عربی، فارسی، سنسکرت، ہندی اور اردو سب ہی زبانوں میں پائی جاتی ہے۔ یہ تو واضح ہے کہ ہندی میں یہ صنعت سنسکرت سے آئی اور سنسکرت میں اس صنعت کو 'شلیش' کہا جاتا ہے اور یہی نام ہندی میں بھی ہے۔ ہندی شاعروں نے اسے کثرت سے استعمال کیا ہے۔ مولوی عبدالحق لکھتے ہیں کہ:

"شلیش سنسکرت کا لفظ ہے اور سنسکرت میں اس صنعت کی کئی قسمیں ہیں۔ مگر ان میں سے خاص دو ہیں سبھنگ اور ابھنگ۔ سبھنگ میں لفظ سالم رہتا ہے اور ابھنگ میں لفظ کے ٹکڑے ٹکڑے کر کے یہ صنعت پیدا کی جاتی ہے۔ ہندی میں یہ سنسکرت سے آئی ہے۔ ہندی شاعروں نے اسے کثرت سے استعمال کیا ہے۔"۵

اردو میں ایہام کی صنعت کہاں سے آئی آیا یہ فارسی سے آئی یا ہندی سے۔ بیشتر ناقدین اردو میں ایہام گوئی کا سرا ہندی دوہروں سے ہی جوڑتے ہیں۔ مولوی عبدالحق کا بھی یہی ماننا ہے کہ اردو شاعری میں ایہام گوئی کی روایت ہندی شاعری کی رہین منت ہے۔ وہ لکھتے ہیں:

"یہ خیال قرین صحت معلوم ہوتا ہے کہ اردو ایہام گوئی پر زیادہ تر ہندی شاعری کا اثر ہوا اور ہندی میں یہ چیز سنسکرت سے پہنچی۔"۶

ڈاکٹر نورالحسن ہاشمی کا نقطۂ نظر اس سے کچھ مختلف ہے۔ وہ اٹھارہویں صدی میں

فارسی گوشعرا کی دربار میں رسائی اوراس کے اثرات کوبنیاد بناکر یہ کہتے ہیں کہ اردوشاعری میں ایہام کی صنعت فارسی سے آئی ہے۔ نورالحسن ہاشمی کی اس رائے سے قاضی عبدالودود کے علاوہ بہت سے لوگوں نے اختلاف کیا۔ ڈاکٹر محمد حسن نے بیچ کی راہ نکالتے ہوئے ایہام گوشعرا پر فارسی ہندی دونوں کے اثرات کی وکالت کی ہے۔ وہ لکھتے ہیں:

”غرض شمالی ہند میں اردوادب کی ابتدا فارسی اور ہندی کی دوہری ادبی روایات کے سائے میں ہوئی۔ فارسی نے اردوادب سے بہت کچھ اخذ واختیار کیا۔ اس کی حسن کاری لفظوں کے دروبست، اضافت وتراکیب، شاعرانہ لب ولہجہ اورایک مخصوص افتاد طبع اور شائستگی کا ایک خاص تصور لیا۔ ہندی شاعری سے بالواسطہ کئی اثرات پڑے۔“۷

لیکن ڈاکٹر منظر اعظمی مختلف ایہام گو شعرا کے کلام میں مستعمل ہندی الفاظ کی نشاندہی کرتے ہوئے لکھتے ہیں:

”اگر ایہام گو اردو شعرا کے اشعار پر نظر کی جائے تو فارسی لب ولہجہ اور اثرات کم اور ہندی یا بھاشائی لب ولہجہ اوراثرات نسبتاً زیادہ ملتے ہیں۔ فارسی اثرات کے تحت بیشتر شعر رعایت لفظی کی نوعیت کے ہیں جب کہ ہندی اثرات کے تحت شعر بیشتر ایہامی ہیں“۔۸

اردوشاعری میں ایہام گوئی کی شروعات امیر خسرو سے ہوتی ہے وہ سب سے پہلے شاعر ہیں جنھوں نے ایہام کو بطور صنعت اپنی فارسی شاعری میں استعمال کیا۔ پھر فارسی اور اردو کا فائدہ اٹھاتے ہوئے اردو میں ایسے اشعار کہے جن میں یہ صنعت استعمال ہوتی تھی۔ ان کی کہہ مکرنیوں اور پہیلیوں میں ایہام کا استعمال کثرت سے ملتا ہے۔

ایہام گوئی کی اس روایت کو فروغ دینے میں و لیکانام کافی اہمیت کا حامل ہے۔ اس

صنعت کا نمایاں اظہار ہمیں ولی کی شاعری میں ملتا ہے۔ اسی لیے ولیؔ کو ہی ایہام کی تحریک کا نقطۂ آغاز مانا جاتا ہے۔ مندرجہ ذیل اشعار میں ایہام کی عکاسی بھرپور ملتی ہے:

لیا ہے گھیر زلفوں نے یہ تیرے کان کا موتی
مگر یہ ہند کا لشکر لگا ہے آستارے کو
ہر شب تری زلف سے "مطول" کی بحث تھی
تیرے دہن کو دیکھ سخن "مختصر" کیا
موسیٰ جو آ کے دیکھے تجھ نور کا تماشا
اس کوں پہاڑ ہوئے پھر طور کا تماشا

ایہام گوئی کی صنعت کو جس نے عروج عطا کیا وہ خان آرزوؔ ہیں۔ خان آرزوؔ اور ان کے شاگردوں نے اس صنعت کا فراوانی سے استعمال کیا۔ انھیں یقین تھا کہ مستقبل میں فارسی کے بجائے ریختہ ہی اس ملک کی زبان بننے والی ہے۔ ویسے اس صنعت میں طبع آزمائی کرنے والوں کی فہرست طویل ہے البتہ اہم ایہام گو شعرا میں انعام اللہ خاں یقینؔ، شاہ مبارک آبروؔ، شاکر ناجیؔ، مصطفی خاں یک رنگ اور شاہ ظہورالدین حاتم وغیرہ کا نام کافی اہمیت کا حامل ہے۔ طوالت سے بچتے ہوئے نمونے کے طور پر کچھ اشعار دئے جاتے ہیں:

ہوئے ہیں اہل زر خوابان دولت خواب غفلت میں
جسے سونا ہے یاروں فرش پہ مخمل کے کہہ سو جا

...

نیل پڑ جاتا ہے ہر بوئی کا اے نازک بدن
تن اوپر تیرے چکن کرنا ہے گویا کارِ چوب

(آبروؔ)

نظر آتا نہیں وہ ماہ رو کیوں
گزرتا ہے مجھے یہ چاند خالی

...

نہ دیتا غیر کو نزدیک آنے
اگر ہوتا وہ لڑکا دور اندیش
(یقینؔ)

ہوں تصدق اپنے طالع کا وہ کیسا بے حجاب
مل گیا ہم سے کہ تھا مدت سے گویا آشنا
(حاتمؔ)

قوس قزح سے چرچہ کرانا تھا تجھ بھواں کا
شاید کہ سر بھرا ہے اب پھر کر آسماں کا
(شاکر ناجیؔ)

اردو شاعری میں ایہام گوئی کا یہ دور تقریباً ۲۵۔ ۳۰برسوں کو محیط ہے۔ اس صنعت نے بہت سے شعرا کو متاثر کیا اور اس سے اردو کے ذخیرۂ الفاظ میں بیش بہا اضافہ ہوا جس کا فائدہ یہ ہوا کہ اسے باقاعدہ ایک زبان بننے اور اس سے پیکر تراشی میں نمایاں مدد ملی۔ لفظوں کی صوری اور معنوی دونوں صورتوں میں کتنا تنوع ہو سکتا ہے اور اس کے مضامین کی کتنی جہتیں ہو سکتی ہیں یہ ساری چیزیں اسی صنعت ایہام کی دین ہیں۔

ایہام گو شعرا کے کلام کے مطالعے سے یہ اندازہ ہوتا ہے کہ ان کے اشعار محض سطحی یا الفاظ کا گورکھ دھندہ نہیں تھے بلکہ ان اشعار میں درس و عبرت کے پہلو کے ساتھ

ساتھ کئی تاریخی، معاشرتی اور شخصی حوالے بھی ملتے ہیں۔ ویسے تو یہ حوالے بعد کے شعرا کے کلام میں بھی کثرت سے ملتے ہیں لیکن ایہام گوئی کی بدولت دوسرے متعلقات اور مناسبات کی شمولیت نے ان حوالوں کو اور بھی واضح کر دیا ہے۔

ایہام گو شعرا نے اردو شاعری کی بہت بڑی خدمات انجام دی ہیں۔ ایک عام بول چال کی زبان جو ریختہ کہلاتی تھی اسے باقاعدہ ایک زبان کی حیثیت عطا کرنے میں ایہام گو شعرا کی کاوشیں اردو شاعری کی تاریخ کا ایک روشن باب ہے۔ اسی طرح اردو شاعری میں بعض اصناف کی ایجاد کا سہرا بھی ایہام گو شعرا کے سر جاتا ہے۔ سب سے پہلا واسوخت شاہ حاتم نے کہا۔ اولین شہر آشوب بھی ان کے ہی کے قلم کی رہین منت ہے۔ رباعیات کو رواج دینے میں ان کا کردار سب سے اہم ہے۔ اس کے علاوہ مخمس، مسدس، ترکیب بند، مراثی، قصائد اور ساقی نامے بھی ایہام گو شعرا کی دین ہے۔

ان خصوصیات کے باوجود ایہام گوئی کی صنعت سے اردو شاعری کو کافی نقصان بھی پہنچا۔ اس صنعت کے استعمال سے شاعری تصنع کا شکار ہو گئی اور شاعر جذبے اور احساس کے بجائے الفاظ کے دروبست میں الجھ کر رہ گئے اور اس طرح شعری بے ساختگی اور جذباتی عظمت مجروح ہوتی گئی۔

حواشی

۱۔ تاریخ ادب اردو، ڈاکٹر جمیل جالبی، جلد دوم حصہ اول ص ۱۹۱

۲۔ نکات الشعرا، میر تقی میر، مرتبہ ڈاکٹر محمود الٰہی، ص ۱۶۳

۳۔ تاریخ ادب اردو، ڈاکٹر جمیل جالبی، جلد دوم حصہ اول ص ۱۹۱

۴۔ تعبیر کی شرح، شمس الرحمان فاروقی، اکادمی بازیافت، کراچی، پاکستان، ۲۰۰۴، ص ۱۱

۵۔ اردو شاعری میں ایہام گوئی، مولوی عبدالحق، بحوالہ اردو شاعری میں ایہام گوئی کی تحریک، ملک حسن اختر ص ۱۳۱

۶۔ اردو شاعری میں ایہام گوئی، مولوی عبدالحق، بحوالہ اردو ادب کے ارتقا میں ادبی تحریکوں اور رجحانوں کا حصہ، ڈاکٹر منظر اعظمی، ص ۵۵

۷۔ دہلی میں اردو شاعری کا فکری پس منظر، ڈاکٹر محمد حسن، ص ۳۴۴

۸۔ اردو ادب کے ارتقا میں ادبی تحریکوں اور رجحانوں کا حصہ، ڈاکٹر منظر اعظمی، ص ۵۴

* * *

ایہام گوئی: سوال و جواب

سوال ا: ایہام گوئی کیا ہے؟

جواب: ایہام سے مراد یہ ہے کہ شاعر پورے شعر یا اس کے جزو سے دو معنی پیدا کرتا ہے۔ یعنی شعر میں ایسے ذو معنی لفظ کا استعمال جس کے دو معنی ہوں۔ ایک قریب کے دوسرے بعید کے اور شاعر کی مراد معنی بعید سے ہو ایہام کہلاتا ہے۔ بعض ناقدین نے ایہام کا رشتہ سنسکرت کے سلیش سے بھی جوڑنے کی کوشش کی ہے۔ لیکن یہ درست نہیں کیونکہ سلیش میں ایک ایک شعر کے تین تین چار چار معنی ہوتے ہیں جب کہ ایہام میں ایسا نہیں ہوتا۔

سوال ۲: کس عہد میں ایہام گوئی نے باقاعدہ تحریک کی صورت اختیار کی؟ اور کون کون سے شعرا ایہام گو رہے؟

محمد شاہی عہد میں ایہام گوئی نے باقاعدہ تحریک کی صورت اختیار کی تھی۔ ایہام گو شعرا میں: آبرو، شاہ حاتم، شرف الدین مضمون، شاکر ناجی، مصطفیٰ خان یک رنگ مشہور رہے ہیں۔

سوال ۳: اردو شاعری میں ایہام گوئی کا اثر کس شاعری سے آیا؟

جواب: ہندی شاعری

سوال ۴: اردو کے کن شعراء کی بدولت اردو شاعری پر سے ایہام گوئی کا غلبہ اتر گیا؟

جواب: خواجہ میر درد۔ میر تقی میر۔ مرزا غالب۔ کی بدولت

سوال ۵: وہ کون سا شاعر تھا جس نے دلی میں فارسی مشاعرے ترک کر کے ریختہ کے مشاعرے کرانے شروع کر دیے تھے؟

جواب: خان آرزو

سوال ٦: ایہام گوئی کے خلاف سب سے پہلے رد عمل کی تحریک کن شعراء نے شروع کیا؟

جواب: شاہ حاتم۔ مرزا مظہر جان جاں۔ یقین۔ مرزا رفیع سودا نے

سوال ۷: ایہام گوئی کے خلاف رد عمل کی تحریک کا کیا نام ہے؟

جواب: اصلاح زبان کی تحریک

سوال ۸: دلی میں ایہام گوئی کے بانیوں میں سے اہم نام شاعر شاہ حاتم ہیں۔ ایہام گوئی کے رد عمل کے طور پر "تحریک اصلاح زبان" دلی میں کس نے شروع کی تھی؟

جواب: شاہ حاتم

سوال ۹: شاہ حاتم نے ایہام گوئی ترک کر کے اصلاح زبان کی تحریک کا آغاز کیا تھا جس کے زیر اثر انھوں نے اپنے کلام میں سے ایہام پر مبنی اشعار نکال دیے تھے۔ بتائیے باقی ماندہ دیوان کا نام انھوں نے کیا رکھا تھا؟

جواب: دیوان زادہ

سوال ۱۰: "دیوان زادہ" کی اصلاح زبان کے علاوہ دوسری اہم خصوصیت کیا ہے؟

جواب: اس کے مقدمے میں شعراء پر تنقیدی خیالات ملتے ہیں۔

***

ایہام گوئی کا خاتمہ

صورت خان

جیسا کہ ایہام گوئی کا آغاز محمد شاہ کے ابتدائی عہد سے ہوا اور اسے تیزی سے شرف قبولیت بھی حاصل ہو گیا۔ تقریباً بیس سے پچیس سال اسے شہرہ دوام بھی نصیب ہوئی، لیکن محمد شاہ ہی کے آخری دور میں اس تحریک کے خلاف شدید رد عمل شروع ہو گیا اور ایہام گوئی کا شیرازہ بکھر کر خیرہ خیرہ ہو گیا۔

ایہام گوئی کے خلاف صدا بلند کرنے والے پہلے شاعر مظہر جان جاناں ٹھہرے۔ اُردو کو ایہام گوئی جیسی کثافت سے پاک کر کے ترقی کی راہ پر گامزن کرنے کا سہرا انھیں کو جاتا ہے۔

ثناءالحق کے مطابق:

متقدمین کا دور اول ایہام گوئی کا دور تھا۔ رعایت لفظی اور ایہام گوئی کا شوق پندرہ بیس برس تک تو مقبول رہا مگر بعد میں طبیعتیں اس سے اکتا گئیں۔ بعض لوگوں کا خیال ہے کہ شاہ حاتم نے ترک ایہام گوئی کا آغاز کیا۔ مگر حقیقت یہ ہے کہ انھیں بھی بدلتے ہوئے رجحان کو دیکھ کر پہلو تہی کرنا پڑی۔ اور انھوں نے اپنے ضخیم کلیات سے ایسے اشعار کو الگ کر کے ایک چھوٹا سا دیوان مرتب کیا اور اس کا نام "دیوان زادہ" رکھا۔

انھوں نے اپنے ان اشعار میں بھی ایہام سے بیزاری دکھائی ہے مثلاً:

کہتا ہے صاف و شستہ سخن بسکہ بے تلاش
حاتم کو اس سبب نہیں ایہام پر نگاہ
ان دنوں سب کو ہوا ہے صاف گوئی کا تلاش
نام کو چرچہ نہیں حاتم کہیں ایہام کا

مظہر جان جاناں کے ایک شاگرد انعام اللہ خان یقین نے ترک ایہام گوئی کے رجحان کو عملی جامہ پہنایا۔ شروع میں اس کو پسندیدگی حاصل نہ ہونے کے باوجود بھی وقت کے تقاضوں نے اسے مقبول بنا دیا۔ اسی وجہ سے ایہام گوئی کے اہم نمائندوں کو بھی قدیم رجحان ترک کرنا پڑا۔

تقریباً ۱۷۳۹ء سے ایہام گوئی کا زوال شروع ہوا اور ۴۵_۱۷۴۴ تک اس کا خاتمہ ہو چکا تھا۔ اس کے بعد بھی اس کا معمولی سا اثر رہا جو کہ میر، سودا اور قائم تک زائل ہوتا گیا۔

خواجہ میر درد اور میر حسن نے ایہام گوئی پر ختم شد کی مہر ثبت کر دی۔

***

پرسنلیٹی ڈیولپمنٹ کے موضوع پر اہم مضامین

شخصیت سازی کی اہمیت

مرتبہ : سید حیدرآبادی

بین الاقوامی ایڈیشن منظر عام پر آچکا ہے